秋田道夫 著　葉廷昭 譯

日本設計大師，
豐富人生的簡單思考

機嫌のデザイン

設計好心情

序

愉快地生活

你是不是習慣跟別人比較？
你擔心自己再這樣下去會一事無成，
過著跟自信無緣的生活。

當我們碰到人生和工作上的煩惱時，
到底該如何思考才好？

很簡單，只要**對任何事不抱期待就好**。
不對世界抱有期待，不對親朋好友抱有期待，
也不對自己抱有任何期待。

本書作者秋田道夫，已經七十歲了。
職業是產品設計師。

一開始在電子大廠設計音響和相關器材，
後來自立門戶接案維生。
各位在路上看到的薄型 LED 號誌，
還有 ETC 系統的儲值機、虎之門之丘的安管通道，
各種公共設施都是出自他的手筆。

不僅如此，日常生活用品也看得到他的設計。
好比咖啡機、紅酒儲藏櫃、文具、鍋具、嬰幼兒沐浴乳、手提包等。

二〇二〇年，他還獲得了 German Design Awards 的最優秀獎。

這個獎項號稱是全世界最難得到的設計獎。
時至今日，他依然是當紅的設計師。

秋田先生很重視「文字」，
二十多年來，他在部落格揮灑文思。
直到二〇二一年三月，
他開始在推特抒發自己的所思所感。

「設計好的方案最好先放一段時間。
設計師最重要的是，一定要有良好的睡眠。」

「多涉獵不一樣的書籍，多接觸不一樣的事物，
再慢慢忘光。
最後留下來的，才是屬於你的知識。」

這些推文打動了人心，在網路上廣為流傳。
短短兩天，秋田先生的帳號就多了七萬名追蹤者。
現在追蹤者的數量突破十萬以上。

秋田先生的文字簡樸，卻一針見血。
很多人看了他的文章，心靈都有一種放鬆的感覺。
好像每天的緊張和煩惱都消失了一樣。

秋田先生一再告訴我們，
保持愉快的心情有多麼重要。

那麼，該如何保持愉快的心情呢？

不必刻意維持多積極正向的心態，
自然就有好心情。

我們請秋田先生指點迷津，
在對話過程中，
也發現了每天開心過日子的祕訣。

本書採用對談的方式，
介紹一些簡單的觀念，讓你再也不會被旁人左右，
這些都是秋田先生從未公開過的。

前言　閱讀也請不抱期待

「設計好心情」這標題看起來好像司空見慣，實則不然。這本書會問世，主要是推特的關係。

我在推特上寫道：「我沒有多正向積極，只是心情很好而已。」我從小到大心情都很好，從來沒在意過愉不愉快的問題。之前來上我節目的某位來賓，在社群網站寫道：「秋田先生今天心情也很好，保持愉快的心情，是從事設計工作的關鍵吧。」看了這段話我才知道，原來心情愉快是很有價值的一件事。

從那天起，教人家保持「好心情」，就成了我的一大宗旨。

有些出版社看了我的推文，一致認爲我是很享受生活的人，而心情愉快就是我享受生活的一大祕訣。因此，我決定把「設計工作」和「好心情」放在一起，當成這本書的標題。

各位看了這本書，不保證會馬上一帆風順、功成名就。不過，你對生活中各種人情世故的感受，還有人際關係，都會大幅改善。請輕鬆看這本書，不要抱有多餘的期待。

二〇二三年三月

設計師／秋田道夫

第一章　設計心情

第二章 設計人際關係

第三章 設計工作

第四章 設計感性

第一章

設計心情

不對旁人抱有期待，才能保持好心情

不對旁人抱有期待，
才能保持好心情。
讓自己成爲最美麗的風景。

我想介紹一段自己很喜歡的文章，可以嗎？

——請說。

「出門的時候，記得帶上你的幽默和好心情。」

——「好心情」帶著走，真是很棒的觀念，感覺滿逍遙的。

讓自己常保好心情是有意義的。當你把自己當成一幅「風景」，你會希望自己是一幅漂亮的風景。

在旁人眼中，我們都是風景的一部分。

如果你希望世界美好，那麼身爲風景的一部分，就應該先從自己做起。這也是我看重好心情的原因。

——不是只求自己開心，也不是想討好旁人對吧？

人生不會一帆風順。

好心有好報純粹是幻想。現實生活中，好心通常不會帶來任何好處。

所以**保持好心情，換個說法就是「不抱有任何期待」**。

——讓自己成為漂亮的風景。用這種態度生活，跟別人溝通的方式也會改變吧？

這樣說好了，跟初次碰面的人打招呼，其實是在試探彼此該有的「距離」。

當你跟對方道早安，對方會給你很棒的回禮？還是根本不理你？光看對方的反應，你就知道該保持怎樣的距離了。可以減少不必要的摩擦。

而「減少摩擦」是保持好心情的一大關鍵。

——把打招呼當成一種試探距離的技巧，而不是形式上的禮儀，真是令人耳目一新的觀念。

據說，海豚和蝙蝠會發出超音波，測量自己和夥伴的距離。我的方法也差不多是這種感覺吧。

自己先放出超音波，對方沒有回應也不要緊，你不需要做其他事。

如果對方釋出了善意的超音波，那就代表雙方有交流的機會，但也不是非得交流不可。

時時刻刻提醒自己當一幅美麗的風景，心態才會從容自在。

人會受環境影響。
不要忍受負面的影響，
主動遠離。

——工作和生活中要注意什麼，才能保持好心情呢？

你要對自己的「舒適度」敏感一點。最好盡一切努力，讓自己保持在舒適的狀態。

——可否再說得更詳細一點呢？

如果覺得累了、厭倦了，不妨主動離開。看你要離開某個環境或某個人都沒關係。

比方說，上電車後發現有人看起來很暴躁，你可以直接走到其他車廂。

或者，跟朋友去咖啡廳喝咖啡，剛好你坐的位子吹不到冷氣，不妨請店家幫你換個座位，或是乾脆換一家店消費。

——不勉強去適應環境，而是主動遠離就對了。

不是什麼大事的話，不用強迫自己忍耐。有些人有奇怪的堅持，好像認爲待在惡劣的環境很了不起一樣。我認爲持續受到負面影響，才是最難以忍受的。具體來說，我不喜歡那些情緒緊繃的人。跟那種急驚風的人在一起，連我都會失去從容的心。那種人的生活方式會占據我的心思，甚至害我忘記帶錢包。

任何人都會受到環境影響，因此對環境敏感是很重要的。

幹勁是最靠不住的玩意，
就跟天氣一樣陰晴不定。
如果做事只靠幹勁，什麼都不用做了。

膽小無所謂，
思考膽小也能成功的方法。

——您在日常生活中會特別留意什麼事嗎？

我常騎腳踏車，而且幾乎不會按腳踏車的鈴鐺。

——您是說那個會叮噹響的鈴鐺？

對，就是那個「叫大家讓路給本大爺過」的鈴鐺。**萬一路人或車子快撞到你了，自己避開不就好了？**我不會想方設法去改變別人。被迫改變的一方，肯定不愉快。

——意思是，產生摩擦的事情您都不會去做囉？

連這種小事都在意，主要是我很膽小的關係。

我知道自己就這麼點出息，所以才努力排除一切可能發生摩擦的因素。不過有趣的是，我從事設計工作又不會過於膽小。

——生活和工作的差異在哪裡呢？

某位知名的橄欖球選手說過，他雖然有汽車駕照，但路上的意外狀況實在太多了，所以他都給別人載，自己不開車。

我完全能體會這種心情。

工作嘛，大家都清楚彼此的要求，可以放開手腳去做事。但日常生活中，我們猜不透別人的想法，很恐怖啊。

——確實，馬路上隨時都可能發生意外。

害怕是理所當然的，當然每個人程度有別。

——這需要高度的應對進退。

我也不敢保證自己時時刻刻都有做到，但大多數情況下都是「以退爲進」。也多虧這項特質，我都七十歲了，人家還願意給我有趣的工作機會。如何拿捏進退，這種判斷力也會隨著經驗累積而提升。到了這個歲數，會覺得人生一切都是有意義的。我對自己的人生很滿意。

如果有人走路不長眼，
差點就要撞上你了，
有長眼的你就主動避開對方。
這話聽起來好像很不公平，
但人生就是這麼一回事。

眞正的親切，
就是不讓對方察覺你很親切。

——秋田先生，我記得你有一則貼文是這麼說的：「細心體貼的人處處得利，顧慮太多的人總是吃虧。」可否詳細說明一下這句話的涵義呢？

兩者的差異在於，你有沒有委屈自己。

顧慮太多的人，很在意自己的形象，永遠提心吊膽過日子。

相反地，細心體貼的人則是出於善意，主動帶給別人歡樂。該怎麼說呢，這種人很享受親切待人的感覺。

顧慮太多的人常看別人臉色，凡事擔驚受怕，反而會招來不必要的風險。這就是所謂的好心做壞事。

至於細心體貼的關鍵則在於主動，也就是在對方注意到之前，你就已經完成親切之舉了。比方說，你察覺對方好像口渴了，便主動遞出一杯水、對方站在門前，主動幫忙開門之類。

用門來比喻比較好懂。**細心體貼就像自動門一樣，會主動打開；顧慮太多則像**

手動門一樣，要有理由才會打開。

要有理由才開門，其實也滿累的。

——既然嫌累，為什麼大家要去做呢？

會那樣做的人一開始也是出於好意，沒計較得失吧。好意提供服務的人，在別人眼中自然也是親切的人，畢竟這種人並不多見。麻煩的是，刻意做好事反而會帶給對方壓力。那些顧慮太多的人，沒有想到這一點。

換作是我的話，看到別人因爲我有這麼多顧慮，反而會很不好意思。

當你的善意是出於顧慮，對方只會覺得沉重。

這對彼此來說，都是很遺憾的一件事。

當事人認爲自己在做好事，對方卻不敢恭維。

更糟糕的是，只要你有一次沒做，對方就會計較你這次沒幫忙。所以，顧慮太多對自己和對別人都沒好處。

你應該帶給對方一種，好像跟你在一起，任何事都會迎刃而解，像在變魔術的感覺。

簡單說，**要把細心體貼自然地融入生活，彷彿一開始就是那樣，不是後來加上去的。你的善意不能帶給對方壓力。**

我剛才用開門來比喻，其實職場上的任何互動都是一樣的道理。

喜歡但不執著。
眞正重要的是人心。

——感覺秋田先生跟任何人事物都保持適當的距離，不會特別執著於某一個人事物或組織。

是的，我也不會執著於環境。我去任何地方都很自在，去東京，或是去大阪、名古屋、新潟都一樣。

特定的環境對我來說沒有特別的意義。在不同時機邂逅不同的對象，每次都有全新的人際關係，這也是一種樂趣。

我常跟人說，**喜歡一樣東西沒關係，但不要執著**。

——大多數人都認為，執著不是件壞事。

確實，喜歡或欣賞一件事物沒什麼不好。可是，過度的喜愛往往會變成執著，有了執著就會計較回報，甚至依賴。當你沒有一樣東西就活不下去，這種心態並不健康。

任何人事物都有失去的一天，沒有什麼是永恆不變的。跟人相處要有這樣的覺悟才行。

——原來如此，既然沒有永恆這回事，那麼太過執著是有危險的。

就是這樣。說來說去，還是不要對別人抱有太大的期待。

當你太執著一件事，往往會感到失望。保持獨立自主是關鍵，我們不該太執著於身外之物，讓人生受到影響。

不期不待、無願無求，
不必勉強自己過得很充實。

已經厭倦的事物，
隱藏著意想不到的新意。

——我看過秋田先生在七〇、八〇年代設計的音響產品。那些產品用現在的角度來看也很有新意，我想知道您是如何設計出百看不厭的作品？

多謝稱讚，能得到這樣的讚賞眞是我的榮幸。**每次有人問我，如何設計出百看不厭的作品，我的答覆都是，繼續使用大家已經厭倦的風格就好**。

——大家已經厭倦的風格反而有新意嗎？

長年來受人愛用的東西，代表還大有可爲。因此，未來再多用幾年，大家也不會厭倦。

你可能覺得我在玩弄文字遊戲，但事實眞的是這樣。那些標新立異的設計風格，反而經不起多樣的變化。**設計的關鍵在於使用者的體驗，不應該在外表上做文章，**

這個觀念自然有其重要性。

——我懂了，那請問永不退流行的設計風格，都有哪些共通點呢？

平淡樸實吧。用久了不會厭倦，看久了也不膩。然後，還要帶給使用者一點點便利的感覺。

雖然那種風格沒有耳目一新的裝飾，也沒有過度誇張的機能，卻可以自然而然融入生活和起居環境中，消除那些沒人注意到的麻煩和不便。**不爲人所知，默默提供服務的樸實設計**，我追求的就是這樣的風格。

溝通也是一樣的道理，現代人交流多半講求效率，互動也缺乏深思熟慮，相信大家也對此感到疲憊了吧。

我們應該用那種歷久彌新、大家都能接受的溝通方式，不要動不動就撂一堆英文或專業術語，用人們長年來習慣的說法更好理解，雙方的關係才會長長久久。當然啦，有些講究意境的詞語，直接翻出來就不漂亮了。

設計和寫文章都講究「架構」和「巧思」，「留白」也相當重要。稍微用點巧思，不需要標新立異也能有創新的風格。樸實而不單調的自我要求也是必要的。

路不夠寬，
就不要帶太多東西。

——長期承受工作壓力，大家都需要適度放鬆一下。那麼，關於工作和休閒的平衡，您的看法是什麼呢？

我這個人，沒享受過什麼太奢華的休閒活動。

據說，比我老一輩的人，他們年輕的時候玩得很瘋。禮拜五加班到深夜，下班就開車去滑雪，直到下禮拜一才回家。我很佩服他們竟然沒出車禍。

坦白講，我不太需要放鬆。

公司裡其他人加班到深夜那是他們的事，我一定準時下班回家，最晚九點半就走人。至於熬夜的次數，從我當上班族到獨立創業以來，幾乎一隻手就數得出來。

我假日不工作，身心也沒累的感覺，自然不會有想放鬆的念頭。

——聽起來好健康喔。

現在這種觀念已經很普遍了，但當年業界有一種風氣，好像設計師一定要刻苦鑽幹（或許現在仍有這種風氣）。所以，準時下班走人，比採用大膽的設計風格更需要勇氣。

我也不是講究健康，純粹是膽小罷了，不敢放縱自己去瘋狂享受。我本性就是膽小的人。去迪士尼樂園也只敢玩一些安全的遊樂器材，連雲霄飛車都不敢坐。反正我不敢亂來就對了，在別人眼中大概也算白活了吧。

——意思是，您不會配合別人勉強自己。

眞要說起來，差不多就是這個意思吧。

其實冷靜思考就會發現，逞強會殘害自己的身心，年紀大了身體一定會出問題。

工作要做得長長久久，膽小一點反而有好處。

——那您狀況不好的時候，都怎麼辦呢？

我年輕的時候，也有同行問過我這個問題。我的回答是，不管狀況好壞，保持平常心把每一張設計圖畫好就行了。

——您是指草稿或素描之類的吧？

對。總之，跟平常一樣先把圖畫出來。在繪畫的過程中，狀態自然就調適回來了。

事實上，對我來說沒有狀況好壞這回事。當然了，有時候身體不太舒服，會感覺提不起勁做事。可是，一旦開始專心繪畫，那些不適對我也沒有影響了。看看其他同業就知道，能平實完成工作、不受狀態影響的人，才有辦法在這一行長久幹下去。

——那有什麼維持狀態的訣竅嗎？

不要讓自己太過亢奮，保持平常心。

比方說，有些人去高級飯店的餐廳吃自助餐，會特地挑一大堆好料的來吃，我就不會做這種事。

一方面是我重視擺盤的美感，另一方面是我認爲，難得有機會吃好料就大吃特吃，實在太沒品味了。

我都挑一些烤牛肉之類的，也不會夾太多，好吃又能回本。**總之要有自制力，凡事量力而爲**。

煩惱再多也不會比較心安，
乖乖睡覺吧。

即使成爲大人，
也要保持天眞，
不失去自己的韻味。

最近我搬到新的事務所，在整理書本的時候，找到一張十五年前去台灣演講時拍的照片。

當然，五官比現在更加年輕有朝氣，只可惜臉上沒有笑容。確實，那模樣看起來很精明幹練，但我自己不太喜歡。現在我整天笑咪咪，一副心情很好的模樣，反而才是最棒的表情。看到自己開心的表情，我也覺得開心。

——的確，兩相比較之下，現在的表情更為柔和。

或許，那時候我沒發現好心情的重要性吧。現在就沒有那種不協調的感覺，我可以控制得很好。

是說，拍照這種事也要看攝影者和被攝影者的關係。從自我呈現的角度來看，照片與自我形象是否一致也很重要。

我跟新的工作夥伴合作，也會先上網搜尋他的照片和工作成果，看看那個人的工作內容和表情氛圍是否一致。

——您曾經上傳一張戴帽子的照片，風格看起來比較休閒隨興。這種改變有什麼意義嗎？

那也是在自我調適。

我希望更貼近當下的自我形象。講得更精確一點，我想貼近自己期望的樣子，所以才上傳那種形象的照片。最重要的是要找到當下最貼切的樣貌。

還有，保持笑容也成了我拍照的基本風格。過去日本職棒的選手名鑑，選手表情都在比誰最嚴肅，現在幾乎都是笑咪咪。可能是受到大聯盟的影響吧。

——那麼，您認為什麼樣的表情才是好表情？

小孩子的表情別太世故，不要去想像長大後會是什麼模樣。相反地，大人的表情要保持純眞，要想像自己小時候的模樣。

簡單說，**小時候要天眞無邪，長大後也不要失去那樣的特質**。

——關鍵是天真無邪。所以說，您也是天真無邪的成年人囉？

我怎麼會天眞無邪呢，只是把邪氣隱藏起來罷了。要不是成年後還保有一點純眞，我也玩不了這種文字遊戲。

做人要謙柔，
心境要富足，
用濃烈的筆觸設計人生。

——出社會以後依然享受多采多姿的人生，這對年輕人來說也是一種希望。您也算是給年輕人做了一個榜樣吧。

說實話，我現在過得很幸福。享受人生，首先要有健康的身體，再來還要有某種程度的財力。不過，更重要的是心靈上的富足。

人生的滿意度，取決於你能否保持心靈上的富足。

——所謂的心靈富足，是一種什麼樣的狀態呢？

這個嘛，就是一種輕盈柔和的心境。溫暖自在，放鬆呼吸。

要讓自己保持謙柔，就不要有太多成見。

其實大部分的人，生活都過得很富足。

可是，大家有追求功名的壓力，認爲自己不該安於現狀。

問題是，**你到底是爲了誰追求功名？仔細想想就會發現，根本沒人要求你這麼做**。先冷靜下來，確認自己是否過得富足很重要。

「心境是否平穩」

才是人生的判斷基準。

調節情緒的氣壓

坦白告訴各位，我本身不是定力很強的人，也容易受到環境的影響。然而，我每天都過得開開心心，原因或許是我在任何情況下都保有不受環境左右的特質。這幾乎可以說是一種天性。

我認為關鍵在於，時時刻刻保持穩定的情緒。

老實說，你要當冷漠的人也沒關係。反正平常冷冰冰的，人家不會主動來找你，也不用認真對待人際關係。

對所有人都冷淡，就某種意義來看也是一種平等，並無不可。

真正麻煩的是那種陰晴不定的人。昨天碰面的時候和藹可親，今天見面卻冷若冰霜、判若兩人。正因為情緒不穩，才被稱為陰晴不定。

這種人只會讓人無所適從。可惜心情的天氣沒有預報可看，我們無法做好準備。好天氣突然變成狂風暴雨，誰料想得到呢。

所以，不必勉強自己開朗，心情保持在多雲的天氣就夠了。

你可能覺得情緒有變動，生活比較多采多姿；但跟你在一起的人，寧可希望你保持沉靜。

Serendipity

「Serendipity」這個單字唸起來很拗口吧。Serendipity 意思是偶然的幸運，也有人稱為「偶然力」。

這個單字源自「Serendip」，在過去指斯里蘭卡。

多虧偶然力的加持，我至今有很多意想不到的體驗。

人家找我設計號誌燈、設計安管通道，這些工作又替我帶來新的工作機會。所以如果沒有偶然的幸運，就不會有現在的我。各位正在看的這本書，其實也是偶然下的產物。

至於偶然的幸運是怎麼來的，我沒有那麼專業的解釋能力，但簡單說，平常待人接物親切和藹，並且誠心聆聽別人的意見。這兩點是必要的準備工作。

每個人都有偶然的幸運，沒有人特別幸運。

可是，如果你缺乏該有的感性和心態，就感受不到幸運。《伊索寓言》有「北風與太陽」的故事，若你害怕外在的衝擊，緊緊守住自己，就感受不到幸運的到來。

換句話說，當你不希望聽到別人的意見、不希望跟人接觸，好事就不會發生在你身上。

好事是很害羞的，往往隱藏在壞事的身後。

凡事來者不拒，自然就有機會碰到好事了。

第二章

設計人際關係

待人要眞誠

想博得好感沒有錯，
但不必勉強。
建立輕鬆自在的人際關係。

——大家都希望擁有完善的表達能力，但又不想給人太強硬的感覺。請問秋田先生是怎麼做到這一點的呢？

具體來說，**對著七十公分高的位置開口**就好。不要直接衝著對方說話，態度謙和一點，讓對方自行取捨，想聽就聽。我平常都是用這種態度說話。

——「七十公分」是什麼意思？

七十公分相當於腰部一帶，成年人稍微伸手就摸得到。不會太低，也不會太高，就在伸手可及的距離內。設計家具或室內裝潢時，這也是常用的高度基準。背後的涵義是，不要給自己和對方帶來多餘的負擔。

——原來如此，「七十公分」是設計師獨有的表達方式吧。讓彼此在沒有壓力的狀態下溝通真的很重要。

對啊，雖然我也想討別人歡心，但不會勉強自己。不勉強自己，就不會有疲憊、厭倦的問題。

想博得好感沒有錯，但不要搞到自己精疲力盡，這才是關鍵。

——拚命討別人歡心，只會累垮自己而已。您不會這樣就對了？

沒錯，我不需要去泡湯紓壓，也不用什麼心靈寄託。

當我們在思考溝通方法時，也要檢討是不是太勉強自己。我認爲這樣的反思是有必要的。

不必勉強自己去喜歡別人，
合不來就合不來。
跟合得來的人，
一起享受寶貴的人生吧。

不委曲求全博好感，
與人交際要有自我的格調。

我很喜歡夏目漱石，應該說喜歡他的為人勝過他的作品。夏目漱石從小就非常優秀，但他留下的作品，幾乎讓人感覺不到菁英的傲氣，完全超越單純的謙虛。很多晚輩仰慕夏目漱石的人品，紛紛向他求教。他很少談到自己尊敬的先人，反而比較常講跟晚輩相處的故事，這一點也滿奇妙的。或許，他也不習慣跟那些「位高權重」的人相處吧。

我喜歡結交晚輩，不太想跟著前人的腳步走，這一點也跟夏目漱石相近。

——確實，看您在網路上的互動，您跟年輕人交流也相當謙和。

我比一般人更懂得敬天愛人，所以跟前輩相處，有時會顧慮太多，這對彼此來說都是很累的事。

想行善助人，就該友善對待年輕人和晚輩。

——換句話說，您想多親近那些能幫助的對象？

沒錯。不過，我也不會刻意在對方面前保持完美的形象。順其自然，不刻意隱瞞自己的缺點。

讓對方了解你不是完人，這才是良好的關係，沒必要投其所好。

——我明白了。意思是不打造虛偽的形象來博得好感。

對，我不會改變自己來討人歡心。

應該說，**我沒有想討好特定對象的念頭**。

我從來不想討大人物的歡心。「大人物」這個概念，本身就很籠統。

總之，跟任何人相處都要謹慎對待，這是我的基本方針。

讓對方了解你不是完人，
這才是良好的關係，
沒必要投其所好。

你不知道何時會遇到大人物，
得時時刻刻對人保持敬意。

——剛才說，跟任何人相處都要謹愼對待。可否解釋一下這句話的涵義呢？

這句話的涵義是，每個人可能都有你意想不到的「背景」。光看一個人的頭銜或所屬單位，來判斷對方是不是大人物，這種判斷方式很危險。

我一直有個觀念，**眞正了不起的，不是那些職銜光鮮亮麗的人。願意去做大家避之惟恐不及的工作，才是眞正了不起的人**。所以要謹愼待人，因爲你不知道什麼時候會碰到了不起的人。

——您會採取哪些具體的行動呢？

比方說，我跟任何人說話都用「敬稱」。不管對上對下、對內對外，我都一律加敬稱。

——一般人都會比較彼此的上下關係。

有了這種分別心，就會想方設法踩在別人頭上。

可是，如何對待那些不曾放在心上的對象，才是決定個人評價的關鍵。因此，要這種心機毫無意義。

設計產品也是一樣的道理。你文案寫得再漂亮，也不保證別人一定看得懂。**言語表達是有極限的，你必須有能力表達「說不出來的東西」**。設計講究的也是這種能力。讓產品擁有自己的說服力，賦予其人性上的魅力，才是設計的能力。

還有，我也常告誡自己：

「嘴不爭勝，眼不吞敗。」

——這句話是什麼意思呢？

設計師出一張嘴辯是沒意義的，被你辯倒的人肯定會記仇。從長遠的角度來看，這不是好方法。靠這種方法上位，是很可悲的。

眞正不能輸的是眼界，也就是你的知識和見解。

俗話說得好，**見識比口才更重要**。

在背地裡說你壞話，
其實是另類的稱讚，
代表你在對方心中有一席之地。

——忌妒也是破壞我們好心情的一大障礙。尤其年少得志的人，更容易成為別人忌妒的對象。秋田先生是否也感受過別人的忌妒呢？

老實說這也無可奈何，我們沒辦法控制別人的想法。反過來說，我對那些年少得志的人也有一些想法。

我是換個角度來看這件事。別人在背地裡說你壞話，其實是另類的稱讚。如果你不是重要人物，人家根本不會談到你。**你會成爲別人的話題，代表你在他們心中有一席之地**。而且一群人聚在一起聊天，說的也不見得是眞心話。通常大家只是故意講點壞話，活絡氣氛罷了。

——的確，從這種角度來思考就比較正面。

有人願意批評就該偷笑了，沒人理會才是最難過的吧。

──那您參加聚餐或宴會，會跟大夥一起同樂嗎？

我算是喜歡服務人群的人，參加宴會也努力提供笑料，我想大家應該也很開心。不過，眞正重要的事不適合在那種場合談。在愉快的場合談正事太掃興了，所以我想談正事，都是找人單獨出來小聚。跟談得來的朋友一起吃飯很愉快，也能爲自己帶來活力。

話說回來，我跟好朋友碰面也不會太久。通常六點碰面，八點就走了，連我自己也覺得太省時。有時看手錶，自己都很訝異怎麼聚會這麼快就結束了。大概是對話很充實的關係吧。況且，**讓雙方留下一點意猶未盡的感覺，關係才會長長久久**。

飢餓感會帶給你動力。

直白跟誠懇是有差別的，
心直口快不見得是好事。

最近我常有一個想法。跟網友交流時，應該當「不太一針見血」的諮商者。

——什麼叫「不太一針見血」的諮商者呢？

這跟我們剛才聊到的話題也有一點關係。過去我並不是合格的諮商對象，人家都覺得找我商量問題，我只會直接搬出結論，堵住別人的嘴巴。可是，社群網路用久了，我似乎慢慢變成一個可以談心的對象。

所謂的「不太一針見血」，意思是刻意不一針見血，改用靈活的思維，從各種角度來看待事情。

每個人都認爲自己的煩惱很特殊，事實上大多數都是一般人共通的煩惱，但他們希望自己的煩惱是獨一無二的。因此就算你告訴他們，其他人有一樣的煩惱，他們也無法接受。**關鍵在於，你不能破壞對方的獨一無二，還要說出尋常的解決方法**。這種細膩的考量才是重點。

——我想，這跟您健談的人格魅力，還有機智風趣的口才也有關係吧。那您在對談時有什麼特別留意的要點嗎？

人家給我好評，也不能得意忘形。再來，我不太喜歡聊「方法論」，要給人建議不是容易的事。

唯獨有一點我始終銘記在心，那就是要提供對方不一樣的「觀點」。

現在這個時代，我們可以立刻回覆別人的訊息，這也很難說是好事或壞事。其實，回覆還是要深思熟慮才好。

我轉發別人的文章，只會留下好話。不然，隨便亂回文根本是侵門踏戶的行爲。想自由揮灑，在自己的文章上發揮就好。

現在我們需要的，是經過深思熟慮再回覆的能力。

——經過深思熟慮再回覆的能力，關於這點可否請您說得更詳細一些？比方說，您個人有什麼堅持嗎？

首先，不要逞口舌之快。

我不會講一些太直白的話，破壞彼此的關係。

我習慣用詼諧又逗趣的方式，傳達自己的看法。這種瀟灑的風格我很喜歡。

——那麼，對於「雄辯」式的對話風格，您的看法是什麼？

用這種方式對話，會妨礙雙方未來的發展，滿可惜的。

然而，跟不同的對象交流，的確需要不一樣的方法，我也沒打算批評雄辯這種方法的鼻祖。相反地，現代人都是先下結論，然後互相讓步尋求共識。由於這種對話方式形成主流，人們才會尋求不一樣的方式來平衡。

最先使用雄辯風格的人眞的很勇敢，完全體現了「被討厭的勇氣」。

有問題的不是這種風格，而是後人濫用前人原創的智慧。

設計也是一樣的道理，原創者都是立意良善的。創始者都經過深思熟慮，也設計各種巧思，是值得尊敬的。

——尊重原創，這的確是設計師才有的想法。

就以聖誕樹來說好了，**枝葉本身沒有問題，有問題的是裝飾品的格調**。聖誕樹只是按照自然的規律長成那樣，整棵樹尖尖的。至於人類要怎麼裝飾聖誕樹，那就不是聖誕樹的問題了。裝飾得漂亮，樹木本身也會覺得高興吧。

每個人都認為自己的煩惱很特殊，
事實上大多數都是一般人共通的煩惱，
但他們希望自己的煩惱是獨一無二的。

遣詞用字要溫文儒雅、寬慰人心。

——當您想注意對方的言行舉止，都會怎麼開口呢？除了不逞口舌之快以外，還有什麼堅持嗎？

首先，遣詞用字不能在對方心中留下長久的傷痛。

讓對方知道他的言行舉止有點問題就好，不要給予太大的痛苦。好比有人坐禪的時候不專心，和尚會用戒棍輕輕拍他的肩膀一樣。當然，我沒去寺廟坐過禪，可能實際被戒棍拍肩膀很痛吧。

——意思是，不給予太強烈的刺激，稍微點醒一下，讓對方保持警覺？

對，千萬不能眞的傷到對方。

奇怪的是，很多人講話都想傷害別人。**傷到別人就算了，還不切中要害，這才是最殘酷的**。

這只會斷絕彼此的聯繫，對方也失去改善的機會。

我一直想問那些人，展現自己的殺傷力有意義嗎？這只是想彰顯自己有多了不起罷了，做人不該這樣。

過去有讀者說，雖然我言詞犀利，但看得出關愛之情。我看到那種讚美之詞，反而會反省自己的說話方式。搞不好人家只是不好意思說我講話太直接。因爲我的話容易深入人心，所以更應該謹言慎行。

——我似乎可以理解提醒比單純的責備更有效果。

保持溫柔並不容易，我們經常忘記溫柔待人。沒辦法寬慰自己的人，也不可能溫柔待人。換句話說，一切還是要看自己的人品。像我在培育人才時，也不採取高壓的方式。**眞的要嚴厲，應該對自己嚴厲才對**。

自我要求

◯講話言簡意賅。

◯遣詞用字要簡單易懂。

◯盡量不參雜英文或專業術語。

◯說話音量適中。

◯保持適當的距離感。

◯保持安靜。

◯保持笑容。

◯主動提供協助。

◯事情做完了趕快功成身退。

◯不要多管閒事。

◯要懂得替對方著想。

打扮得體是給對方的一份禮物，
買自己喜歡的東西不要怕麻煩。

——年紀大了依舊打扮入時，真是很棒的一件事。秋田先生出了社會後還是保有時尚的風采呢。

多謝稱讚。我一直要求自己保持典雅的格調。

我年輕時就喜歡那種風格，高中時走美國休閒風，也就是俗稱的美式風格。

對了，我大學畢業的時候，有好朋友認真告誡我，他說等我出社會就不能那樣穿。那種話平常我是不會認眞聽的，但那句話讓我印象深刻，始終沒有忘記。當時我想的是，乾脆就來實驗一下，看看自己以後會不會改變。

結果，我剛出社會第一年，都是穿西裝去上班。然而，設計單位的職員通常穿得比較隨興，沒多久我就穿回學生時代的裝扮，到現在也沒什麼改變。

從結論來看，只要體型沒有太大的變化，不見得要改變穿搭風格。當然啦，等到七十歲之後不換風格也不行了是吧。

——所以，您的穿搭風格從年輕就沒什麼變過囉？

我的穿搭風格乍看之下稀鬆平常，其實是有一些講究的。好比上衣是類似Champion公司推出的初期款式，顏色不是灰色，而是燕麥色。牛仔褲是李維斯一九六六年推出的「501」款式。鞋子則是New Balance的「993」型號。不懂時尚的人，多半認爲這只是很常見的美國休閒風。

我還會特地跑去原宿的旗艦店買衣服。如果旗艦店都找不到，也不用費心找了，其他店鋪大概也沒有。這算是住在東京的好處吧。

我對追求時尚有無限的熱忱。但熱忱過頭，表現得太過輕浮也不好。重點是不要太刻意。

——秋田先生熱衷時尚的理由是什麼？

我缺乏明確的自我意識，好比照鏡子的時候，也不敢肯定鏡中人是自己。那到底**該怎麼確認自我呢？我認爲這取決於跟別人碰面時，表現出來的形象**。

我常說，**打扮得體是給別人的一份大禮**。當你跟時髦的人碰面，也會希望自己是時髦的人。能跟時髦的人對等談話，本身就是件值得驕傲的事。我想是有這種心態在裡面吧。

——原來如此。

服裝傳達的是一種視覺訊息，可以告訴大家你是怎樣的人。話說回來，也不用打扮得太搶眼，典雅而單純的風格，也能傳達出好訊息。換句話說，**服裝本身就是一種公開的溝通手段**。

——您的意思是，服裝就是對外的溝通訊息？

對，因爲衣服穿在身上，我們自己看不到，別人才看得到。嚴格來講，我們都是風景的一部分，衣服也一樣。

我的朋友曾經說過一句很有趣的話：

「人們喜歡在服飾和名車上花大錢，很少在生活家電或雜貨上花錢，因爲家裡的東西沒法拿出去炫耀。」

這話講得也有道理。的確，買高級的冰箱或洗衣機，很難跟人炫耀。

不過，現在時代變了，尤其 Instagram 問世以後，大家拍照也越來越講究，連家裡的電器和家具都能拿來炫耀。因此，人們砸錢的方向也比較多樣了。

——簡單說，世人都把錢花在可以拿來炫耀的東西上？

容我講個題外話，我認爲時髦這種東西也講究泛用性。換句話說，你外出的衣服和居家服不能落差太大。

像我最近的穿衣風格就有點顛倒，在家裡和事務所穿的衣服，反而比出門穿的更高級。

主動嘗試新事物，
失敗了也能學到東西。

——可否多聊一下您買東西的哲學呢？

我買東西從不拖泥帶水，跟我一起去購物的人都很訝異。通常進去一家店五分鐘，該買的就統統買好了。

只看買東西的當下，會覺得我挑選的速度很快。其實，我會事先上網查資料，或去各店鋪了解一下商品，再列出購物清單。

然後，我會耐心等待時機。

所以，當我偶然看到心儀的東西，就算價格頗爲昂貴，也會當機立斷買下來。

更進一步解釋，我買東西有一部分是想跟店家交朋友。

——您買東西的目的是要交朋友？

說穿了就是這樣。

去店鋪可以學到一些東西，好比一般大眾的想法，還有服務業的本質等。學東西不能不付錢，所以我會買點東西，表現出自己是願意消費的客人。

我也明白，要建立信賴關係必須付出相當的金額。

——這種說法滿有意思的，通常是店員要討好客人，秋田先生卻剛好反過來。

是啊，我想主動提供服務。不是單方面接受人家的服務，**隨時保有主動出擊的精神比較有趣**。

——我看到您身上的私人物品，最近買的鑰匙圈很可愛。那是電影《玩具總動員》的角色對吧？

我在 Mercari 買的。

——您有用 Mercari 購物嗎？我記得那是網路和 APP 的購物平台。秋田先生這一輩的人大多數不會使用網路購物，您的觀念和行為好年輕喔。

我想嘗試一下失敗的感覺。

——想嘗試失敗的感覺？

這種說法聽起來好像有點浮誇，但確實是這樣。我想體驗失敗。有失敗經驗，才有趣味的話題。跟朋友聊天時可以說，演講時也能用來取悅底下的聽眾。

換句話說，我會刻意買些便宜的東西，主動累積失敗的經驗。我的觀念是這樣，**沒有損失就不會有回報**。

這種前因後果的關係很重要。
只想著回報，自然不可能成功。
要先承擔損失，勇於挑戰新的事物，才有機會找到新的康莊大道。

人生不如意是正常的。

談溫柔

我好像不是好的聽衆。這是有原因的。我聽別人講話，會預測話題的走向，然後思考在對話流程中，如何帶到下一個話題。對方看我若有所思，會覺得我好像沒在聽人講話。

我很擅長歸納會議的重點，歸納只是比較好聽的說法，其實就是省略掉大部分的對話內容。

相反地，假裝聆聽對我來說很痛苦，真的受不了。

有一次，我聽了一場很無聊的演講，聽到一半就離開了（很大膽對吧）。至於我的部屬則是裝出有在聽的樣子。我告訴部屬，裝出認真聽的模樣未必是好事，對方可能會以為自己講得很好，反而妨礙到對方的成長。如果話題實在無趣，就老實說出來（我是直接離席），這才是真正的溫柔。

當然，我會這樣提醒部屬也是有原因。那個部屬做人八面玲瓏，偏偏有剛愎自用的壞毛病，算不上敦厚老實。有時做事陽奉陰違，根本拿不出成果，令人頭痛。

不知道他本性的人，對他評價非常好。兩相比較之下，我看起來反而像壞人，真是讓我一個頭兩個大。

幾年後他離開公司，到其他地方任職，老毛病大概也沒改。

我聽到無聊的話題會提前離場，在別人眼中是個不稱職的聽衆；而那個部屬卻裝出有在聆聽的模樣，實則左耳進右耳出。這兩者到底誰比較「溫柔」？

其實兩種人都缺乏社會常識吧。

第三章

設計工作

看人的能力比知識更重要

進公司的第一天，
就要想像退休的那一天。
提前做好心理準備，
才能從容不迫。

——這是人人健康長壽的時代，不少人開始煩惱，下半輩子該怎麼面對工作。多年來您算是相當活躍的自由業者，請問您對退休有什麼看法？

我剛出社會第一天，就思考過退休的事，那一年我才二十三歲。公司舉辦迎新典禮，我在會場上想像自己四十年後退休的模樣，很奇怪的年輕人對吧。

先聊一下跟退休無關的話題，我的求職過程跟一般人不太一樣。應徵的公司本來要找有經驗的設計師，大學教授知道了求才訊息，就叫我去投履歷試看看。我到目黑區的青葉台參加面試，也幸運錄取了。

不過，一開始不曉得公司要找即戰力，等到錄取才知道公司要我畢業前就去上班。因此，我三月就搬進公司宿舍工作，畢業典禮那天才回到學校，這一點跟其他人不太一樣。

工作了一個多月，我也逐漸熟悉工作流程，還有整間公司的風氣。我跟其他後來加入的應屆畢業生一起參加迎新典禮，感覺自己待了超過一年（其實才一個月左右）。當然，我也不敢說自己眞的很了解公司。

這短短的一個多月，我似乎體驗到上班族四十多年的工作生涯。

——當年還很流行終身雇用制對吧？

沒錯。那家公司依然存在，就算我還待在那家公司，大概也會養成自由業的工作態度吧。

有一句至理名言是這樣的：
煩惱只會把事情弄得更複雜，
思考則是把事情單純化。

自卑和優越感是一體兩面，謙虛面對自己吧。

——秋田先生大學畢業後到民間企業擔任產品設計師，做了十一年才出來自立門戶。您現在的工作態度，跟以前當上班族有什麼不一樣嗎？

老實講，幾乎沒有改變。

以前當上班族，我的確只是公司的一員。但我總覺得，自己是在公司內開設「個人事務所」的設計師。

在公司賦予的崗位上，盡自己所能付出貢獻，然後領取薪水。我總是很在意自己的生產價值，是否對得起我領的那些薪水。

反過來說，我也不怕失敗。**如果失敗了，只代表公司識人不明，雇用到沒能力的人，不是嗎？**我天生膽小，但那時候膽子挺大的。

其實，我不太會去思考公司怎麼看我的能力，或是怎麼看我想做的事。也不會去跟別人一較高下什麼的。

——很多人喜歡比來比去，甚至讓情緒受到影響。您都不會這樣嗎？

對，我從學生時代就沒那種想法。我不會去模仿別人，來假裝自己很優秀。不少年輕學子努力考上大學，結果看到其他優秀的同學便感到自卑。像我就完全沒有那種感覺。

——這是否代表您很優秀，所以不會在意旁人呢？

不是不是，沒這回事。我打從一開始就知道，其他人非常優秀。簡單說，我知道自己幾兩重，所以沒有過多的期待。我不會對自己有過多的期待。

沒有期待就沒有失望和傷害。

會感到自卑，代表你本來自視甚高。

換句話說，自卑感和優越感是一體兩面的東西。

沒有優越感就不會有自卑感。

我都是用平等低調的態度，在公司這個小社會自處。

——那您辭掉工作自立門戶，這種風格有改變嗎？

自立門戶以後，我好歹也是小型組織的代表。有些人覺得這跟大老闆一樣，但依照我的看法，所謂自立門戶，就是一個人要身兼許多小職員的工作。**我不是什麼大老闆，而是身兼多職的員工**。

這不是公司規模大小的問題，我只是很看重公司的一切，所以不會把自己看得高高在上。

自信不是拿來自鳴得意的東西，
而是讓你不受旁人影響的定心丸。

以誠懇的心接觸事物，日漸開闊的眼界對工作大有幫助。

——還沒畢業就被公司錄用，這個經歷很有趣。那您進入公司以後，最先處理的工作是什麼？

設計單位的工作，照理說四月再開始處理就好。但公司花錢請人來上班，也不可能讓我白白浪費一個月的時間。上司替我找了一些差事，讓我設計辦公室的隔間。

本來那間辦公室沒有隔間，現在要分成工作、開會、作業用的空間。不只要弄隔間，牆壁還要有展示和收納的機能。我就負責畫設計圖。

——您剛踏入這一行就一直求新求變嗎？

應該說我求新求變過頭了吧。進入公司半年後，公司拿我的設計案去參加比賽，而且是一個很具權威性的大規模比賽，結果得獎了（第二十六屆每日ＩＤ獎一般部門特選獎），公司也非常意外。除了運氣好，我想沒有其他合理的解釋了。

——現在回過頭來看，您認為自己得獎的客觀原因是什麼？

我也不知道評審看上哪一點，但我從大學時代就很喜歡建築設計，大家都說我的設計很講究結構，就好像建築的一部分。

六〇年代和七〇年代是義大利設計風的全盛期，很多從事商品設計的設計師，都是建築背景出身。這也加深了我對建築的熱愛，我甚至想過要去義大利的設計師事務所工作。可惜我沒有付諸實踐的勇氣。

同事也知道我很喜歡建築，我辭掉工作自立門戶的時候，幾個同事還送我建築名家法蘭克・洛伊・萊特的畫集。

當然，我喜歡萊特和柯比意，但密斯・凡德羅才是我參考的方針。

——那還有什麼東西對您的設計造成影響？

我還喜歡美術、文學、音樂，我接觸很多東西。音樂也聽得很廣，從古典樂到爵士樂都聽。

這些其實都是基礎教養，也是近年來大家很重視的博雅教育。

單純的興趣可以培養出良好的審美觀，我認爲這對工作也有很大的幫助。

不要期待別人給你好評價，
有些境界必須攀上顛峰才見識得到。

——您出社會才半年就拿到業界的權威獎項。得獎前和得獎後，對待工作的方式有改變嗎？

這個嘛，我的變化是，**對夢想不再有太多的嚮往**。拿到第一名，只意味著你見識到「攀上頂峰的境界」。換句話說，也不是眞的有太大的變化，頂多就是登上報章雜誌而已。現在人成名的情況可能不一樣，但這種變化也只是各方面有些小變化，不會有太重大的改變。

不過，這是拿到第一名的人才能感受到的寶貴經驗。第二名是感受不到的。見識過頂峰的境界以後，我後來在公司也沒參加任何比賽了。尤其在那個年代我充滿創作欲，設計出許多創新的產品。實際創作產品反而比參賽有趣，因爲比賽用的設計案不會眞的做成商品。因此，單純設計產品我也心滿意足。

——原來如此。第一名和第二名見識到的境界不一樣就是了。可否具體說明一下，兩者有哪裡不一樣呢？

第一名能看到整個市場的全貌，第二名看不到。

以我設計的產品來說，大約四年前我設計過攪拌用的搗棒，就是調製雞尾酒用的那種棒子。

那個搗棒跟一般搗棒大不相同，攪拌的部位經過特殊材質加工，可以讓飲料的味道更加順口。用來攪拌紅酒，紅酒味道會更加芳醇，攪拌咖啡也有一樣的作用。但那種加工技術不便宜，一支搗棒不含稅就要七千五百元。一般來說，一千元的搗棒就很高級了，所以那款搗棒非常貴。

不過，經過媒體報導以後，大家知道那款搗棒眞的有特殊效果，節目一播出就全部賣完了。銷量也反應在網路購物市場上面，直接登上銷量榜首。

連搗棒都有銷量排行，我眞的很驚訝。有段時間銷量太好，甚至還上了所有餐具的銷量排行榜，才了解搗棒的市場規模有多大。

——怎麼說呢？

我的意思是，廠商會知道產品本身賣得好不好。銷量登上該類產品的榜首，等於遠遠勝過第二名的銷量。簡單說就是這麼單純，一看就知道那是市場規模的最大值。但你得拿到第一名才看得出來，第二名是看不出來的，第二名無法得知彼此的差距。當然了，現在仔細調查的話，第二名也有辦法查得出來。

過去有政治家說過，何必凡事都追求第一名。不可否認的是，有些境界眞的要經歷過第一名才體會得到。

搞清楚你是眞的有理，
還是滿嘴藉口而已。
好好想想該怎麼爲公司做出貢獻。

我以前當員工的時候，總是笑咪咪，心情也不錯。

不過，我不太遵守公司的一些約定俗成。

——約定俗成是指什麼？

就是那種促進組織運作的方法，或是一些不成文的規矩。

好比前人留下來的經營訣竅之類，就是那些日積月累的風俗。

對了，我以前在辦公室還會戴帽子和淺色的墨鏡工作。當然，我敢那麼做有一部分是那個時代的風氣比較包容，另一方面也是年輕氣盛的關係。我總覺得在設計單位工作，也該好好設計一下自己。

——所以，您那個時候就擁有獨一無二的特質了。可是，大多數人剛進公司，都只顧著學習公司的規矩。您為什麼沒有那樣做呢？

我也知道出社會有很多事必須學習。所以常識性的東西我也會好好學，但也思考，那些常識是公司本身的規矩，還是社會普遍的共識？關鍵在於，設計上的規範是否放諸四海皆準？

我剛出社會是七〇年代末期到八〇年代初期，音響設備的設計風格也在急速改變。從這個角度來看，我認爲引進新的造型概念，是我的職責所在。

總的來說，那時我確實有點不知天高地厚。

——剛進公司第一年就拿到全日本最大的獎項，或許公司也認可您的想法吧。

其他人怎麼想我不清楚，剛入行就獲得社會上的評價，爲我帶來了勇氣和自信，讓我敢於推出嶄新的設計風格。

事實上，當年我才二十六歲，公司就讓我設計高階機種。

那款產品的設計草圖說明會，我到現在都還記得很清楚。

現場有很多高層和負責人，他們都專心聆聽我說明。而且感覺得出來，他們很重視我說的每一句話。

沒企圖心的人不該占大位，
當一顆小螺絲盡該盡的義務就好。

——公司這麼看重，您還是決定轉換跑道，為什麼呢？

前面我也提過，我剛進公司就想過自己未來退休的模樣，同時也想過總有一天會離開公司。因爲我想設計的不只是音響，其他領域的產品也有興趣。可話說回來，跳槽到其他同類型的公司，又顯得很矛盾。老實說，我要轉換跑道的時候，也考慮去家具或日用品的設計事務所。

那個時候，有一家生產電磁調理器具的公司，我跟他們的面試官說，想嘗試那款產品的設計工作，結果他們說，未來那款產品要停產了。我聽了很訝異，只好回頭繼續設計音響。

剛才也說過，一開始的東家很器重我，我是考量到未來才辭職。如果只求出人頭地才跳槽，根本是見異思遷，這不是我會做的事。因此，我也沒打算要出人頭地。

——所以，您過去並沒有身居高位囉？

對，我當上班族的那幾年，就是普通的員工而已。三十五歲辭掉工作時，也沒有任何頭銜。有一次我回大學拜訪舊識，教授看了我的名片很訝異，因爲我沒有任何頭銜。那種驚訝的反應，對我來說就是最大的讚賞。

——有些人會追求頭銜，這樣未來要自立門戶也比較方便，您不會那樣想嗎？

自由業者不需要上班族的頭銜吧，可能我太不諳世事了。

——以前的上司或人事主管，都不會叫您參加升遷考試嗎？

他們有問過，只有非考不可的時候我才會參加，其他就懶得去了。很可惜我也沒考上，所以都沒升遷。

——是不是持續當專業的設計師，才能發揮您的強項？

我其實也沒有這麼明確的認知，我既不想當專家，也不想當一般的業務承辦人員，我想要一個介於兩者之間，又沒有任何頭銜的位子。

我想遊走在兩者之間，填補中間的空缺。這算是我身爲上班族的處世哲學吧，而這樣的選擇也最適合我。

希望大家可以參考看看這種生存方式。

人類有三大認同需求，
包括「不想惹人厭」「想獲得認同」「想獲得理解」。
我用另外三種「知足」來代替：
「大家對我很好」「大家很認同我」「大家很了解我」。

對任何人都要笑著打招呼，
跟人交往不看資歷或頭銜。

我可以聊一下，自己過去當上班族最驕傲的事情嗎？

——願聞其詳。

我剛進公司半年左右吧，負責清掃的歐巴桑邀請我去參加她們的員工旅行。

——這很難得耶。

說來也奇怪，當時我不覺得有什麼特別。等到年紀漸長，我才明白這真的是很特殊又難得的事。

可能是我對任何人都很有禮貌的關係。話說回來，這眞是很難得的經驗。

——是不是您身上有一種平易近人的氣息？您自己有發現嗎？

我也沒特別留意，只是不認爲自己擔任設計師有多了不起。或許，這種態度很平易近人吧。

保持初衷很重要，不管你進入什麼樣的公司、獲得什麼樣的職位，待人處事都要保持一貫的原則。

反過來說，**你也可以想像一下自己身居高位的情況，然後思考現在應該怎麼做**。想像未來也是一件有趣的事。

沒有比誠懇還要棒的才華。

成功未必要有才華，
鍛鍊自己的能力，
廣結善緣也是一種方法。

——秋田先生對自己的職涯有什麼目標呢？

眞要說，我從來不覺得自己會成功。那些有辦法出人頭地的人，他們各方面能力都很優秀。我的能力不夠全面，所以一直以爲自己無法成功。這也是我過去當上班族，不肯努力往上爬的原因。應該說，我不會去做沒意義的事。

可是，我一直希望成爲知名的設計師。

——成功和出名看似相近，其實還是有差別，對吧。

在一般人眼中，兩種算是同義吧。

鍛鍊出卓越的能力，是有機會出名的。把優秀的能力應用在作品或工作上，就有機會引起世人的注目。

出名後也的確有機會成功，我就是抱著這種期待從事設計工作。

不過，知名度提升，工作難度也會變高，所以很多功成名就的人，才刻意保持低調。

——為什麼您期望的是「出名」，而不是「成功」呢？

我也不太清楚。或許是因爲，出名後會有更多人重視我說的話。

有好幾家出版社找我出書，有些出版社希望直接跟我談，老實說我很開心。也有編輯在他們自家公司的會議上，提議要出版我的書，結果出版社很多人因此成了我推特的粉絲，大家都很喜歡我的文字，我好開心。

目前，我在關西負責一個產品開發項目，由大學院校和當地廠商共同合作。我加入後相關人士都很高興，眞是與有榮焉。

越來越多人想見我一面，這是一件愉快的事。網路的影響力太大了。

——看樣子您很享受與人結緣呢，這就是您心目中的成功吧？

也許是吧，我成功也不打算幹什麼，只要能帶給別人快樂，就心滿意足了。

——那您認為，該怎麼做才能一直接到工作、一直活躍下去呢？

情緒穩定很重要。我個人沒有什麼大紅大紫的時期，相對地，我也沒有閒閒沒事的時候。應該說，我沒有大起大落，彷彿走在水面上一樣。幸虧如此，很多公司現在還願意用我，有這麼長久的緣分是很可貴的事。

——說不定很多公司想找你設計商品，但又不太敢開口。

俗話說千金難買早知道，真要找我做設計，要早說。或許在設計這方面，大家覺得找我幫忙有一定的門檻吧？我自己是沒這種感覺。

「**越想要工作，反而越找不到工作。**」

工作喜歡找上忙碌的人。就算你真的很閒，想快點有工作，也最好不要直接跟別人討要。

過去我也想從事不一樣的新工作，還主動提出要求，結果只吸引到媒體來採訪，並沒有真的接到工作。而大家想找我聊一聊的興致，似乎從沒有降溫過。

只有工作才能幫你找到新工作。
你的作品就是最好的宣傳，
會幫你結下新的良緣。

不要等到死線才完成工作，
越快完成越好。
把時間當作禮物送給對方，
讓對方有更多選擇權。

——這是一個忙碌的時代，大家都感嘆時間不夠用。秋田先生似乎沒這樣的困擾，為什麼呢？

因爲我很閒啊。

——您接洽那麼多工作，怎麼會很閒呢？

這種話自己說滿不好意思的，但我工作速度很快，而且是非常快。我不用花多少時間，就能推出好幾項案子，聽起來有點奸巧對吧。

比方說我今天跟客戶開完會，隔天就可以推出案子。情況許可的話，開完會一個小時我就有腹案了。

不過，那不是百分之百的成品，頂多只有百分之五十吧。

即使百分之五十也不打緊，趕快推出案子，讓對方確認那是不是他們要的東西。

萬一弄錯方向，至少還有修正的時間，不用操太大的心。

——與其花時間追求完美，不如早點做出一個雛形。

早點提出腹案不是爲自己，而是給對方更寬裕的時間。

我只用別人一半的時間，就能完成八成的工作，這也是我個人的堅持。

不過講白了，**任何工作要做出八成並不困難，眞正困難的是如何做好剩下的兩成**。

精雕細琢剩下的兩成，跟從零到八成的時間是一樣的。剩下那兩成要做到盡善盡美，又得花上雙倍的時間。

——那麼，做完八成就先拿給客戶看，您都不會猶豫嗎？

完全不會，八成已經可以看出整體構想。總之，關鍵在於消除雙方的歧見。

再說，一開始畫出太詳細的設計圖，客戶只會覺得困擾。因爲圖樣太明確，反而缺少可供選擇的創意，客戶也無所適從。

尤其客戶看你畫得這麼認眞，就算不喜歡你的設計圖，也不好意思說出口。當然，也有客戶完全不管設計師有多辛苦。

我的意思是，**不要在還沒得出結論的階段，就用盡全力**。初期構想時不用太拚，把精力花在之後的階段。

每個人滿意的標準都不一樣，不要忘了，結論是由客戶決定。

不追求籠統、不明確的東西，
認眞面對眼前的事物。

——現今商業界整天在探討如何創新，您認為新的概念是怎麼誕生的呢？

嚴格講起來，我不太喜歡探究「概念」這種模糊的東西。要先有一定的成果，再用系統化的方式分析所有成果，才會有所謂的概念。一開始就執著概念，無法超越現有的設計。

換句話說，這是**被自己設定的概念限制住了**。

——原來如此，意思是跳脫不了理論的框架。

沒錯，我來聊一下自己用什麼態度從事設計工作好了。

我就是很單純地面對工作。

假設眼前有一項道具或器材，我會認眞思考，如何加工才能讓東西順利運作，我會一直想到有答案爲止。

換句話說，我的工作是**取悅**那些器材。

有時候，這種做法可以創造出舉世矚目的全新造型和風格，但這並非設計師的功勞。

iPhone剛推出時驚豔了全世界，因爲過去的手機都有一到九的數字鍵，iPhone推翻了這個常識。改用「觸控面板」這種新方法，徹底改變了產品設計的骨幹，再也沒人討論手機的數字鍵該怎麼設計。

眞要說起來，這是史帝夫．賈伯斯的功勞吧。

所謂的轉換概念就是這麼一回事，不是每個人都有能力去做。**要對自己的專業領域有一定的認識，認清自己能做出的貢獻才行**。

當然，我不是說大部分的人都沒能力、只有少部分的天才才辦得到。

我相信「語言的力量」，有形的事物無法超越概念，但語言有影響概念的可能性，這也是我對語言有所堅持的原因。

我很喜歡問一個問題：什麼東西比光還要快，可以一下就到達外太空的星系？

——是什麼呢？

答案是想像力。

我們可以在腦海中想像宇宙中的某個地方有星系，所以我們的思維比光速還要快到達那個地方。

語言和想像力是我們人類擁有的寶貴力量，應該好好珍惜才是。

設身處地替人著想，
自然會在無形中幫助到人。

對了，我一向追求「體貼的設計風格」。

——什麼是「體貼的設計風格」呢？

比方說，現在流行預防物品遺失的設計，也是我出於體貼設計出來的。其中一個具體案例，就是大眾運輸卡的儲值機台。大家可以仔細看一下那個形狀，放卡片的地方不是平的，而是呈四十五度角傾斜。爲什麼要特地做成斜的呢？因爲那樣使用者就沒法在上面放東西，也就不會忘記帶走自己的物品了。

——原來如此！機台不方便放東西，就不會忘記帶走。我有時買東西稍微放一下袋子，結果就忘記帶走了。

確實有這種狀況，我也碰過一樣的事。

爲了消除這些煩惱，我會思考防範的手段，並且應用在設計上。

——真令人感動。

各位開心我也高興。容我再炫耀一下，車站售票機的投幣口，也是我把它變大的。乘客隨便投錢進機器一樣感應得到，買票速度會快很多。

另外，電熱水瓶的煮沸開關我也有加點巧思。本來開關是由上往下扳加熱，我改成由下往上扳加熱。

刻意用違反人性的設計，使用者比較不會忘記自己在煮開水。這樣他們就不用浪費時間確認自己有沒有打開開關。

——聽您解釋我總算理解了，這些小小的設計確實很貼心。

反之，有些地方乖乖因循守舊比較好。

好比電梯按鈕就是最通俗的例子。按照順序排列按鈕，使用起來才方便。往上的按鈕就排在上面，往下的按鈕就排在下面，用直列的方式擺在一起，操作起來更直觀。

現在還有電梯採用橫列式的按鈕。雖然已經少很多，但每次看到那種電梯，我就渾身不自在。

——設計的巧思可以減少使用者的壓力，降低出錯的機率。要做到這點，或許要有敏銳的觀察力。您是如何發現這些問題的？

說穿了，就是要**對行爲有一定的敏感度**。

大概是我有分析各種行爲的習慣吧，我會去分析每一種行爲的原因。

——您走在大街上，時時去觀察不完美的地方，不覺得辛苦嗎？

這麼說也是，但我的個性就是沒辦法視而不見。把我的體悟投射在設計上，說不定能幫助到成千上萬的人。既然有幫助別人的效果，那我的觀察和體悟也是一件好事。我自己才是這種設計風格最大的受益者。我不希望車票儲值完之後東西忘記帶走，所以才設計出傾斜的機台。

——當您要構思還沒問世的全新設計時，是怎樣找到靈感的呢？

多方推演模擬。

比方說，我設計過嬰兒沐浴乳的罐子，那個壓出沐浴乳的噴嘴也是我改大的。在設計那項產品時，我實際演練母親抱著小嬰兒入浴的情境。噴嘴太小的話，用力按壓瓶身容易滑倒，因此提出了改良方案。

現在其他廠商也跟進同一套做法，成了全新的業界標竿。這也是我的驕傲。

——產品就是這樣進化的吧。

在提升功能之餘，也要顧及美觀大方，這是我設計的堅持。**設計講究理論，但也不能把理論擺在第一位**。

——感覺您的體悟適用於各行各業。您的時尚設計是站在「為人著想」的出發點，這種作風值得我們效法。

我從小到大都在操別人的心，而不是操自己的心。

可是，就算我用盡巧思，設計風格依然簡約。我不希望顧慮太多，破壞簡約輕便的優勢。

設計的目的不是用來彰顯自我主張，我不喜歡那樣。

要保持簡約，以及恰到好處的體貼。

這樣就能在無形中幫助他人。我認爲這才稱得上巧妙多元的設計。

不必彰顯意圖，
用小小的努力慢慢改變不完美的世界。

——默默地顧慮他人，替世人化解各種不方便，而且又不過度彰顯自我，這就是您的風格。但這種用心，通常大家都注意不到吧？

注意不到也沒關係，說不定久久才會有一、兩個人注意到新的設計跟以前不一樣。其實就算沒人發現也不打緊。

畢竟我賣的不是體貼。我一直默默地爲眾人著想，所以設計也廣受矚目，說來實在有趣。

——別人沒注意到您的用心，您也不在意，那您工作上的動力到底是什麼呢？

我可以感受到自己小小的努力，確實改變了這個世界。

不管是方便的變化，還是不方便的變化，都會隨著時間的流逝而漸趨顯著。

哪怕只有百分之一的變化，時間一久就會演變成巨大的差距。

——意思是，您可以默默地享受世界改頭換面的樂趣？

對，我喜歡觀察那種變化。

我引起的變化並不偉大，但「減少物品遺失」和「瓶身不容易倒」這些小事，都是我們日常生活中的一部分。

再小的變化，也能幫助世人。

光是感受到這點，我就覺得自己當初的貼心設計是正確的。

——您的動機不是想要彰顯自我，也不是想獲得認同，跟世俗的動機完全相反呢。

我也不是有意為之，純粹是喜歡看到那種變化。我還沒出社會的時候，就很喜歡構思一些改善物品的新點子。

比方說國中的時候，有一次資料夾壞掉，裡面夾文件的金屬扣設計不良。於是我畫了改良的設計圖，寄給生產資料夾的公司，讓他們知道只要稍微改一下某部分，資料夾就不容易壞。

沒幾天，那家公司寄來新的資料夾和謝禮給我，我記得是文具大廠KING JIM公司。

出社會以後，我有了改變事物的能力，不再是那個只能投書的學生，但我的本質還是跟學生時代一樣沒變。

——聽了您的說法，總覺得世界上充滿各式各樣的事物，每樣事物都還有進步的空間。

很多東西乍看之下好像很完美，其實大部分的商品和服務並不完美，都還有盡善盡美的空間。

應該說，**只要是人類製造的東西，一定有某種「意圖」**。有些東西你根本不知道是誰製造的，也不知道製造意圖爲何。但那樣東西問世的時候，肯定是出於某種意圖才會問世。

製造意圖是可以改變的，從這個角度來思考，世界永遠都有改善的空間。我認爲最可貴的地方在於，我們不一定了解製造者的意圖，但都在使用那些東西。

有時候走在大街上，看到人們隨意使用我設計的商品，這對設計師來說眞的是很幸福的一件事。

把事情做好，

就會有好的緣分和工作機會。

享受悠閒

我搭新幹線的時候不會使用筆電。筆電太重了，我出差根本不帶，也沒有想工作的心情。

反正我不太需要製作簡報資料或報告，搭新幹線就打打遊戲或看社群網路，不然就是茫然眺望窗外的風景。

老實說，我有空也不太看書，這種話寫在書裡好像怪怪的。原因是這樣，有一次我搭車讀了一部頗有深度的小說，剛好經過書中提到的地點，導致小說內容在腦海裡揮之不去，真的非常困擾。

我在事務所也盡量減少自己的工作量。

比方說，我前年開始運用新的3D軟體，同時也購買了3D列印器材做各種嘗試。但我只有工作時才會用。理由在於3D列印器材可以輕易做出一些日常生活中的小東西，活用於私生活中的各種場面，可是我不想那樣做。

當然，工作場合我會善用那項技術，但不會閒閒沒事故意找事做。

第四章

設計感性

選擇自己喜歡的東西

在生活中培育感性，
觀察力比設計能力更重要。

——秋田先生是從哪裡學設計的知識和技術呢？

我對音樂、文學、美術、建築這些文藝很感興趣，繪畫和設計上的品味是從這些東西磨練出來的，我並沒有刻意去學教科書上的技巧。

還有，我從小就很喜歡觀察周遭發生的事。

在採取行動之前，我習慣觀察四周的狀況來做判斷，所以對不尋常的事物很敏感，總之就是盡量保持客觀。

——那您喜歡學校的教育嗎？

我不認爲只有學校的教育才算教育。

換句話說，生活中的所見所聞，對我來說都是教育。

國中二年級的時候，學校老師對我們說，生活中的任何事都值得學習，這個道理我一直謹記在心。

過了這麼多年也沒忘記，因爲那天放學回家的時候，我見識到了發人省思的光景，完全印證了老師的教誨。

每天放學回家的路上有一間鐵工廠，我看到工廠裡的作業員，用轉圈圈的方式拆下棒子上的鐵絲。

那時我才十幾歲，很佩服工人的智慧。因爲直接扯下鐵絲反而會纏在棒子上，用轉圈圈的方式解開就沒問題了。

因此，不是只有在學校才學得到東西。

眼見耳聞的一切都是學習的對象，沒有高下之分，這是我的信念。

所以我在工作上沒有特定的師傅，萬事萬物都是我的師傅。

——您二十多歲的時候，錢都花到哪了？

這我記得很清楚，我錢都花到書本上了，那時候我買了一大堆書。

——您都買什麼書呢？

我讀了很多小說，但主要還是設計相關的書籍。那個年代也沒有網路，要獲得海外最新的設計資訊，只能購買義大利和德國的書籍，所以我花了不少錢。我奪得設計獎項的百萬獎金，幾乎都花在書本上。

——這個習慣現在也沒變嗎？

不，大約二〇〇〇年左右吧，我就不再購買海外的設計類雜誌了。這一行發生了很大的變化，亞洲的設計風格迅速崛起，海外的雜誌反而刊載很多日本、中國、台灣、韓國的商品設計。不用特地購買海外雜誌，國內就有很多學習的機會了。或許是大環境告訴我，該回過頭來跟自己的國家學習。

我開始頻繁書寫文章以後，也刻意減少閱讀量，避免自己的文體受到影響。跟以前相比，我讀書的時間少了很多。

不過，年輕的時候多讀一點書，多花一點時間閱讀，對思考和言談是有幫助的。

——構思的能力是創意的來源，您是如何培養構思能力的呢？

不用想得太複雜，**用「代入」的方式轉換前人成功的經驗就好了**。

——可否舉個具體的例子呢？

曾經有一家製造通訊器材的廠商來找我協商。

當時我想到的解決方法就是「代入」。

假設羅浮宮找我設計館內的導覽平台——我代入的就是那樣的情境。

按常理思考，設計必須講究通用性，也就是要適用在各種場合。商品的外觀和功能，都要講究這樣的通用性。

問題是，羅浮宮是非常「高檔」的特殊場所，外觀和功能也要有特殊性才行。這種設計風格才能帶來「高品格」和「高級感」。

使用在羅浮宮的設計，本身就有很強大的品牌實力和可信度。

光想就躍躍欲試對吧？我現在就有這樣的感覺。

世足賽的會場也有導覽平台，「代入」那種情境也滿有趣的。

——有無限的可能性。

在通用性中代入特殊性，就能找出新的答案。代入有助於提升設計的自由度。

這種構想也適用於其他工作。

最重要的是，**你要思考如何在工作中代入你的熱情**。

——秋田先生很擅長用不一樣的角度，來描述世間的各種人事物和現象，幾乎稱得上箇中翹楚了。您是如何鍛鍊觀察力的？

我算不上箇中翹楚啦，只是設計這一行很看重觀察力和應用能力。

曾經有人問我一個很棒的問題。

「你是不是能看到一切美麗的事物，並且把它們應用在設計上？」

「也不是，我不是只看美麗的事物，不美麗的事物我也看在眼裡。**我純粹是把美麗的部分擷取出來罷了**。」這是我當初的答覆，這段問答本身就很美妙對吧。

——擷取？就是字面上的意思嗎？

對，這是攝影常用的術語。意思是從整片風景中，只取某一部分的景。

有一種叫「黃金比」的技術，可以讓設計看起來更加美觀，想必各位也聽過。據說，希臘的帕德嫩神廟也是依照黃金比建成，這是用特殊比例帶給人們美觀感受的技法。

黃金比能有效引導出美的價值。

但我看重的不是黃金比，而是「黃金視點」。

換句話說，**在看的人身上下工夫，物品欣賞起來也會更加美麗**。

依照黃金比做出的物體確實美觀，但觀賞的角度可能會影響美觀的程度。反過來說，找到一個最好的觀賞角度非常重要，我們應該自己去找美觀的角度。

——原來如此，最近大家人手一支手機，拍照也變得很方便。但同樣的風景由不同的人來拍，照片的魅力差異很大。

或許吧。

我曾經參觀歐洲號誌燈的展覽會，跟我同行的人不能理解，我們在同一個時機、同一個場合拍攝一樣的照片，爲什麼成果完全不一樣。他覺得很不公平。

尤其我的照片都是隨便拍拍，他心理更不平衡了。我一直在學習美感爲何物，有這種結果也是理所當然嘛。

——對了，今天來您辦公室叨擾，辦公室牆上也有掛照片，大多是建築物的一部分或城鎮的一部分，那些也是您拍的照片嗎？

都是我拍的照片。我不知道其他人怎麼想，但我只要拍到自己喜歡的景色就心滿意足了。

我一向看重感性，日復一日擷取自己喜歡的風景。或許是我常這樣玩的關係吧，隨隨便便就能拍出賞心悅目的照片。

黃金視點跟黃金比不一樣，沒有金科玉律要遵守，玩起來非常自由。

多看書，多觀察各種事物，
然後全部忘光光。
能留下來的，才是屬於你的知識。

隨便走在街上就有有趣的發現，
在觀察中發揮想像力。

——秋田先生一定很懂得享受觀察的樂趣吧。可否請您說明一下，走在街上是用什樣的眼光觀察一切的呢？

其實，光是走在家裡附近，就有不少趣味的新發現。我最近發現路邊的水溝很有趣，還拍下來發在社群網路上。

——會去注意路邊的水溝，您的品味真是不同凡響。

這一帶過去就是住宅區，車站前也沒什麼高樓，附近坐落的多半是小型商家。馬路的寬度也設計得很剛好，適合路人通行，看上去很像早期的日本電影場景，有一種古樸的美感。我在散步觀賞街景時，剛好就注意到路旁的水溝。

——的確，一般人不會去注意這種小地方。您看到的水溝線條很細緻，替城市增加了一絲時尚的美感。

很漂亮吧，而且做得很貼合路面，沒有高低落差。不只外觀漂亮，上面的格柵板又做得很細密，不怕石頭或樹葉掉進去。

——您會同時觀察美觀和功能。

應該說，我會找功能和美觀兼具的。而且，仔細觀察會發現，水溝蓋的表面刻上了一些紋路，那些紋路有止滑的作用。騎自行車或走在上面時不必擔心滑倒。

——原來如此，聽您這樣講，我總算了解設計者的意圖了。

很有趣吧？

——非常有趣。

那就好。對了，我以前在網路發文的時候，有人說我拍照的方式很有趣。按照那個人的說法，一般人拍攝路邊的水溝，都是站在道路中央拍，這樣可以拍出比較橫向和斜向的照片。我則是靠近水溝的正面，拍出縱向的照片，看起來很獨特。

——這種拍出縱向線條的方式，令人印象深刻。

這純粹是個人的喜好，像我設計商品的時候，也很堅持「直線的美感」。例如，我設計的「80mm」陶瓷杯，還有「Nothing」手提包也是如此。大概是我喜歡建築設計的關係，才會如此熱衷直線的美感。

回頭談談我對生活環境的觀察。我常逛各式各樣的商店，猜測商品的價格。我猜得很準喔。

——意思是，您一眼就能看出商品的價值？

我不看商品的標價，直接猜測價格，很少猜錯。

其實這有祕訣，把外觀的價值乘以「一．五倍」，差不多就是商品的價格。

——真有趣，「一．五倍法則」也很好記。

實際價值大概只有一半，店家也是要賺錢的，照此推算就能得出這個算式。用這種方式推算，能輕易算出二手商店的進貨價格。店家一定會想用新品的半價來販賣。所以，商家是以不足半價買進的。換句話說，殺價頂多只能殺到定價的兩成左右，這是一開始就能算出來的。

——就不用多花時間交涉了對吧。

對，完全沒有壓力。

不用特地展示，
大家都看在眼裡。
物品如果自己用起來不舒服，
他人也不好受。

——秋田先生的工作場所待起來很舒服。有一種裝飾得恰到好處的品味，又沒有壓迫感。

最近我剛從澀谷搬到這裡，我挑的辦公室不會太豪華，器材和擺設也盡量**保持輕鬆自在的風格，不過度鋪張**。辦公室的家具，頂多只有辦公桌、椅子、文具收納櫃、小書櫃、小冰箱、熱水瓶、吸塵器等。

不過，那些家具都很好用，我很喜歡。椅子也有三種類型，都是我喜歡的設計師設計的椅子。

——那擺在牆邊的白色箱子呢？

那是收納箱。

我在上面貼標籤，標示裡面裝的是顏料、水壺、雜物等，這樣一看就知道箱子裡面裝什麼了。要用的時候不怕找不到，因爲我個性不太嚴謹，有這些就不用擔心。這片景象的主角是「箱子」，主角決定整體的印象，至於箱子裡裝的是什麼東西，反而不重要。

因此，關鍵在於要挑對箱子。箱子有強烈的存在感，不只能拿來收納和搬運器材，也有發揮存在感的作用。

好比Amazon、黑貓宅急便、ZOZO，他們設計的紙箱辨識度極高，上面的商標也非常有存在感。我會上網購買樸素、輕巧、耐用的箱子。

——關於室內裝潢，您最講究什麼？

不被美觀束縛，是我最講究的概念。

我不會安排得一板一眼。把高級的東西刻意展現出來，就容易有這樣的毛病。

我追求的是隨興擺放有品味的物品。不刻意擺設，就隨便放在某個地方，隨興的風格才是最棒的。

不過，每樣東西都必須精挑細選。**精挑細選的東西，無時無刻不散發出一股魅力**。隨便找個地方擺著就很有魅力。有這種魅力才是最理想的。

做人也是一樣的道理。有實力的人不管到哪裡，都會散發出強大的魄力。我們不該輕忽物品和人類本身的魅力。

——您看到有人輕忽，就會很介意是吧？

對，我覺得那種人只想到自己，控制欲太強了。有人擺設物品，純粹是想展現自己的世界觀，根本沒考慮到物品本身合不合適。

像冰箱和洗衣機這些家電，本來都是做成白色的。現在很多廠商推出黑色的款式。

「黑色風格」代表的是放棄存在感。

換句話說，廠商極力消除那些家電的存在感。在我看來，他們大概覺得冰箱和洗衣機，只要有冷藏和洗淨的功能就夠了，不需要有存在感。這種設計缺乏愛。

——對物品缺乏愛是什麼意思呢？

也就是對物品缺乏感情，他們只想挑一件東西，來搭配自己想要的空間。這種做法太刻意，我不是說這樣一定不好，但好歹要有自覺。

挑東西不是爲了炫耀，也不是爲了討好別人。像我這裡的東西不太奢華，也不太樸素。一切都很剛好，每一樣都是我自己眞正喜歡的。

——看似隨興，其實都精挑細選。那該怎麼做才能有這樣的眼光呢？

這跟設計是同樣的思維，我挑的都是「**不礙事的東西**」，沒別的祕訣了。**長年熱銷的商品，一定要具備「洗鍊的通用性」才行**。

日常生活中會用到的東西，我都挑最合用，又不過度裝飾的類型。而且我願意花時間和精力去找這些東西。

貼身物品要細心挑選，
選擇不必說明就能感受到魅力的東西。

——現代人買東西越來越講究效率。您剛才說願意花時間和心力找自己想要的東西，可以確切說明一下嗎？

應該說，我很享受尋覓的過程，也喜歡品評自己的直覺。尤其穿戴在身上的東西，一定精挑細選。好比我今天穿的牛仔褲、襯衫，以及臉上戴的眼鏡。乍看之下都是隨便找來的，其實全都經過仔細挑選。

現在網路上有一些代購服務，靠網路全部都能辦好，但我比較喜歡自己挑選。當然，我也會關心目前的流行資訊，但我買東西不追逐流行。很多東西都是我買來以後才知道是流行商品。

——意思是，您買東西很有主見？

對，一切都是「自我導向」。

只要你認眞挑選生活用品，自然會喜歡自己的生活環境。

讓別人來替你選，從短期來看或許比較輕鬆。問題是，萬一別人挑的不適合你，你會想怪罪對方吧？

自己挑選的話，所有責任都自己承擔。你不會怨天尤人，這才是健康的心態。

對了，最近有一件很有趣的事。

有一天我搭新幹線去大阪出差。上車時，正好看到座位前面有一個很漂亮的手提包。那天車上的乘客還不少，手提包的主人正好坐我旁邊。我看她搬手提包很吃力，就幫她放到上面的置物櫃。當然，說不定不多管閒事，人家會比較開心。

那個亮橘色的包包拿在手上，看起來簡樸又耐用，眞的很棒。

我忍不住表示讚賞，剛好她是那個手提包的進口代理商。聽說，很多專業的攝影師都喜歡用他們家的商品，美軍和自衛隊也都跟他們買。防水性是那款手提包最大的賣點，掉到河裡也不會進水。她說明得非常詳盡，不愧是專業代理商。

——真是特殊的緣分。

我畢竟是設計商品的，對好東西真的愛不釋手。我介紹了自己的職業，她也對我的工作很感興趣，看了不少我的作品。我們聊得很愉快，一下子就到京都了。

——這種事很常發生嗎？

對，我好奇心很強，很容易跟別人聊開。

而且那個手提包的主人，腳上穿的也是「On」的運動鞋，相當有品味。那一天我穿的是「New Balance」，正好前幾天我去店裡挑新鞋，也有看到「On」的鞋子，這也是我們聊開的一個契機。

——好東西有帶動話題的效果，會讓您忍不住上前攀談。

順帶一提，回程的時候我旁邊坐一個男的，感覺不是聊得來的對象，我就安安靜靜搭車了。

高品質的東西勝過一切喜好，
高品質的東西不須多加解釋，
高品質的東西物超所值，
高品質的東西令人嚮往。

盡情揮霍你的好奇心，
不用浪費時間看新聞。

——剛才提到，您連搭車都能交到朋友，實在令人印象深刻。感覺您對流行很敏銳，話題也非常豐富，平常是不是廣泛涉獵各種訊息呢？

我好像很喜歡揮霍好奇心，我是沒什麼自覺啦。

——「揮霍好奇心」是什麼意思？

凡是感興趣的東西，我都會查清楚，或是親自接觸一下。朋友告訴我哪部電影有趣，我也會從善如流去觀賞，其實我也是會跟風的。吸收新的事物也不光是爲了工作，更不是要在日後派上用場。只不過，稍微懂一點流行的東西，跟別人會比較有話聊。

這大概跟我出身大阪有關吧，關西人特別古道熱腸，想逗別人開心。

——您是不是有一些特殊的習慣，會去關注流行趨勢？

各位可能會覺得意外，但我是不看報章雜誌或網路新聞的。

——是這樣嗎？那您如何吸收資訊？

這有個大前提，我不會隨便吸收亂七八糟的資訊。我都是以「自己」來當作搜尋的標竿。比方說，我會在谷歌、雅虎，或是其他搜尋引擎打上自己的名字「秋田道夫」，搜尋時間設定「二十四小時以內」或「一個禮拜以內」，然後查詢結果。用這種方式，可以看到跟自己有關的最新訊息和評論。那些訊息和評論，牽涉到各式各樣的事物，但整體來說都是跟我有關的資訊。只要是跟我有關的資訊，我在發表評論時就能爲自己的言論負責。

——原來如此。現在這個時代上網就可以找到大量的資訊，所以您刻意限定資訊範圍，以「自己」來當作搜尋的標竿。

用自己的名字來搜尋資訊，聽起來好像很自戀，怪難爲情的。不過，我是爲了替自己的言論負責，才用這種方法。

我經過多方嘗試，發現這是最好的方法。

確認自己是否偏離「平凡」。
觀察生活周遭，
不隨波逐流。

——秋田先生是在二〇二一年三月開設社群網路帳號的。之後經常發文，追蹤人數也成長到十幾萬人。您是怎麼看待社群網路的呢？

老實說，純粹是打發時間的玩意罷了。怕各位誤解，我換個說法。推特就好像筆記，可以把腦海裡一閃即逝的念頭記錄下來。我不管做任何事，都會有一些所思所感，如同詩人邊走路邊吟詩那樣。

順帶一提，不少網路文章我發了會再刪掉。

——您會刪文？刪什麼樣的文章呢？

通常是大家比較不感興趣的文。

文章不是發過就算，我一定會確認大家的反應如何，留下那些深得共鳴的，至於沒什麼回應的就直接刪除。久而久之，就會明白什麼話可以打動人心。

追蹤人數十萬人也不一定都是同一批人，可能也有舊粉退出或新粉加入。我會認眞觀察什麼文章會吸引到什麼人追蹤，什麼文章又會失去追蹤人數。

——意思是您會仔細分析，不是說過就算。

對，這樣就能用比較直觀的方式，理解社會上的「常識」和「平凡」。像我很喜歡巧克力，有時候會拍自己喜歡的巧克力給大家看，結果網友們的反應都還不錯。這樣我就知道自己的喜好很平凡。

——的確，有時候看到您發巧克力文，真的會有一種親近感。

老實說，巧克力照片純粹是我不知道要發什麼才上傳的。那種巧克力很容易軟掉，所以是冬季的限定商品，只要看到店家擺出那種巧克力，就知道聖誕節的腳步近了。事隔一年再次經過那家店，看到那種巧克力眞的很高興，才忍不住拍照發文。

沒想到很多人跟我有一樣的感想，真是嚇了我一跳。

除此之外，我也會確認自己喜歡的商品和食物，到底賣得好不好，其他人是不是也喜歡一樣的東西。比方說速食店的食物，或是我平常飯後吃的冰品等。

——這樣確認有什麼意義呢？

就是確認「平凡」，**我想知道自己的「普通」和「平凡」，跟別人是否一致**。如果發文後獲得很多認同，那就代表我的感性沒有偏差。一旦確定自己的感性正常，就比較不怕說出最真實的感想。

像這樣確認流程，也間接帶給我一種「親民」的形象，對我確實有幫助。

——您擅長觀察周遭的環境，又是設計日用品的專家，但言行舉止又顯得不平凡，真是不可思議。

每個人過的都是平凡的生活，我也有自己的平凡生活。

只不過，對外該展現多少平凡是需要細心調整的。**我喜歡觀察生活，但不會隨著生活隨波逐流**，我會提醒自己保持自主性。

——您是從什麼時候開始有這些觀念的？

年輕的時候就有了，我很早就想闖出一番名號，所以在成名之前，就決定不隨便展現自己平凡的一面。

像我不公開家人，或是詳談以前的經歷。

——現在這個時代，任何人都能對外發布各種訊息。我們常常在無意間，向大眾公開自己的日常生活。

我個人是覺得，小心謹慎一點比較好。

好比社群網路上，很多人會分享自家小朋友的照片，但這種做法沒考量到小朋友，我對這種行爲是有一些疑慮的。

當然，小朋友未來有照片看是一件開心的事，但小朋友也有獨立自主的人格，他們也會想照自己的意思行動。父母擅自拿他們來炫耀，老實說對孩子有點失禮。我明白爲人父母都想秀一下自己可愛的寶貝，可是反過來看，如果小朋友擅自張貼父母的照片，父母又做何感想呢？

我想，徵求對方的同意很重要。像我跟自己的孩子，就想永遠保持朋友的對等關係。因此，我做任何事情之前，都會先考慮他們的感受。

什麼是品味？不做多餘的事就是品味。
如果別人看不出來你有哪裡多餘，
這便是品味所在。

增加功能需要技術，
簡化功能需要哲學。

——秋田先生把自己定位成什麼樣的設計師呢？

這個嘛，真要說的話，我把自己定位爲「不設計的設計師」，這麼無厘頭聽起來很像禪門公案吧？

——您是設計師，卻不做設計？什麼意思呢？

就是簡化一切多餘的東西，只留下必要的元素。我認爲這才是設計師的工作。這個觀念可以用一句話來說明，**「增加功能的是技術，簡化功能的是哲學」**。

比方說，我十幾年前設計過水壺，現在人們都會隨身攜帶保溫瓶之類的，街上幾乎隨處可見，對吧？

水壺也有各種不同的造型，有的強調凹凸曲線，最近流行不用杯子就可以直接飲用的款式，本身就具有一種機能上的美感。我十幾年前設計的水壺，名字就叫「壺」，而且有附杯蓋，形狀也是單純的圓筒形。放到現在來看，大概也是最「簡樸」

的款式，這就是不設計的設計風格。

——都十幾年前的作品了，看上去還是很有新鮮感。

最近我也設計了手提包，差不多A3大小的薄型款式，叫「Nothing」。顏色是純黑色，厚度維持在最低限度的七公分，放在桌上不會倒下去，外觀看起來就像一塊薄型的金屬板。

重量才七百五十公克，可以放錢包、手機、記事本、小說等，拎在手上非常輕便，是消費者外出的好夥伴。我就是用這種概念設計的。

我自己不太用手提包，所以設計概念是「不帶手提包的人也會用的手提包」，這種概念同樣很像禪門公案吧。

別看那個手提包很薄，裡面能放很多東西，我還拿來放羽絨外套，測試手提包的容量極限。

我在設計那款手提包時，也盡量簡化它本身的功能。我沒設計夾袋，也沒設計可以閉合的拉鍊。

現在的手提包都有裝手機的小夾袋，我也沒設計那個。

就是單純的四方體，再加上短短的手提帶，我想設計出外觀像紙袋的手提包。

——老實說，那款手提包我也很喜歡，用起來真的很方便，而且我還發現一件事。那款手提包的帶子很短，沒辦法掛在肩膀上，帶出門一定要用手拿。這代表什麼呢？我走在路上不會漫不經心滑手機，現在反而有更多時間看風景放空。總覺得我找回了失去已久的寶貴時光。

那眞是太好了，這算是「**不自由帶來的享受**」，對吧？

不設計的設計風格，反而有很大的創造性。

今後，我也想堅持這種**不設計的設計風格**。

——「增加功能的是技術，簡化功能的是哲學」，這個觀念是您以前當上班族就有的嗎？

對，我以前替人工作的時候，曾在公司內部的會議上提出一個觀念，未來高階商品和廉價商品的功能落差不會太大，而這個觀念衍生出「增加功能的是技術，簡化功能的是哲學」這段話。

——那時您才二十多歲吧。

沒有，那時我已經三十歲了。當年我跳槽到新公司，服務了幾年以後，公司叫我設計當時最高階的產品，我才提出那個觀念。

高階產品不該一味追加功能。盡量簡化功能，提升商品本身的基本功能，才有真正的高級感可言。

能講出一句長存人心的格言，我自己也覺得開心。

不設計的設計風格，
反而有很大的創造性。

凡事太親切也不好。
交給對方，才是溝通的禮儀。

——您很擅長用簡單的詞彙，說明一件複雜的事。您是何時具備這種能力的呢？

我自己也不太清楚，以前替人工作的時候，人家就說我很擅長歸納。比方說，有人開會遲到了三十分鐘，一進來就問我剛才開會的內容。我會省掉所有細枝末節，歸納成一、兩個重點說給對方聽。我其實不太敢判斷什麼重要、什麼不重要，我只是比較敢省略細枝末節。

——您說自己從事設計工作，也是先從簡化功能下手。

對，開口的第一句話是最重要的。第一句話沒營養，人家就不會聽你之後說的。說明一件事的時候，說完第一句話先看看對方有什麼反應，再來思考要用多簡潔的方式說明。

把抽象又複雜的語言，轉化成簡單易懂的語言並不困難，但反過來就不容易了。

所以我的第一句話，通常會說得比較複雜。

曾經有位編輯說，我不迎合讀者來降低自己的語文水準，我聽了很開心。

——這是什麼意思呢？

意思就是，就算我用一些比較困難的詞彙，也是希望大家有基本的文化素養，因此我寫出來的文字不會經過潤飾。不過，我會盡量少用艱深的國字。

我不是想炫耀自己多有內涵，而是想告訴大家，有些基本知識必須了解。凡事講得太淺顯易懂，不見得是親切。

——看了您的社群我注意到一件事，您不會用「（笑）」這種文字表現。這又是為什麼呢？

這是我個人的堅持，我絕不使用這種說法。
我希望帶給大家歡樂，但不會刻意誘導大家。
因爲我信奉「交給對方」的溝通方式。

——明白了，那您平時還會留意哪些事呢？

舉例來說，有些人隔了很長一段時間才發文，開頭就先說「讓各位久等了」。
這樣寫好像有些厚顏，因爲別人不見得在等你發文。
另外，有些人會在網上稱呼自己「某某專家」或「某某大師」，我對這種自讚自誇的做法也有點意見。給自己加暱稱不太好，這些名號應該是別人給的，而不是自己加上去的。不過，或許現在的風氣就是這樣。
我希望大家明白一個道理，**有些事要搞清楚決定權在誰身上**。

——那您使用電子郵件，也有同樣的堅持嗎？

我不會用「（笑）」這種文字表現，也不會用驚嘆號。然後，文章盡量簡單扼要。

還有，我不用繁複的問候語。所以我的文章都不長，有人覺得這樣不夠親切，但我認爲重要的事要先寫出來，文章也要盡量說好話讚美對方。我只講好話，不指責對方的缺點。**畢竟對方讀了覺得不愉快的文章，我自己讀了也不會愉快。**

己所不欲，勿施於人。

不強求價值觀一致，
包容彼此的差異。

——秋田先生，您在設計上有許多豐功偉業，平時在網路上發表的文章，也有擄獲人心的魅力。用時下流行的說法就是「二刀流」，實力和文采兼具。那麼，您是如何找到設計和語言的平衡點呢？

我從以前就想做出「好說明的設計風格」，也努力付諸實踐。請注意，是「說明」，而不是找理由或藉口。從這個角度來看，把成果轉化爲文字是需要時間沉澱的。換句話說，我的文字純粹是用來解說設計風格，並不具備特殊的感性或文學性質。我在構思文章時，跟設計工業產品的感覺差不多。

也不能說是構思文章，而是構思整體文字的架構。我發文就跟打電報一樣，過去打電報是按照字數算錢的，所以我會**盡量刪減文章字數，盡可能把每個字的功能發揮出來**。我很常玩這樣的「遊戲」。

另一個關鍵就是，我不使用缺乏美感的文字或形容方式。我也盡量不用專業術語或外來語。打出一篇簡單易懂的文章，就跟設計好用的商品一樣。

——原來如此，您也會設計語言的機能性美感。

對，我會思考如何寫出平易近人、印象深刻的字句。用這種方式推敲文章的人並不多，所以大家才覺得我的文筆很獨特吧。

我不認爲自己的「語文能力」或「作文能力」有多好。前面也說過，**觀察力比設計能力更重要，同樣的道理，觀察力也比作文能力重要**。在日常生活中如何觀察周圍的人事物，才是寫出好文章的關鍵。當然，要說這是作文能力也行，至少我覺得用簡單易懂的方式，或者從不一樣的角度，來描述大家都體驗過的事，這種文章本身就有一種獨特的魅力。這就是在探究溝通的本質。

——您之前說過，沒有作文能力的人，也能發揮文字的力量。這句話帶給我們一般人不小的勇氣。

我用細心溫和的方式寫文章，大家看了也喜歡。我想，人們還是喜歡溫和的表達方式。

還有一點我想告訴大家，**理解彼此想說的話，未必要有一樣的價值觀**。

——跟別人享有一樣的價值觀，這不是好事嗎？

當然，能有一樣的價值觀最好。

可是，享有價值觀和價值觀一致是兩回事。提出自己的價值觀，可以突顯出雙方價值觀的差異。

換句話說，如果坦承不理解的地方，就是共享價值觀的話，那大概沒人敢說出自己的價值觀了。

不知道該用什麼稱讚，反而是最高級的讚美。

不要思考該寫什麼，
要思考不該寫什麼。
深入發掘自我，
寫出當下的心境。

——聽說您的推特追蹤人數突然增加了七萬人，這是怎麼一回事呢？

老實說，我自己也不知道怎麼回事。我是二〇二一年三月才開設推特帳號，一直到十二月追蹤人數才二十人而已。其實有二十人追蹤也算了不起，我沒追蹤其他人，人家當然不會追蹤我。

十二月的某一天，有人在推特上介紹我的格言，就是那句「增加功能的是技術，簡化功能的是哲學」。結果我的追蹤人數一下就增加了一千兩百人，通知的訊息鈴聲一直響個不停。

隔年二月，我聊到自己設計的號誌，也獲得了不小的回響，追蹤人數來到一萬九千人左右。之後幾個月追蹤人數沒有成長，到了七月二十四日還二十五日，推特的推薦功能介紹了我的帳號，兩天內追蹤人數就成長到九萬人，整整增加了七萬人之多。

理由我也不太清楚，是真的搞不懂。如果我知道箇中訣竅的話，或許可以寫一本書教導別人，偏偏我眞的不知道，也無從寫起。
那些追蹤我的網友，都說我的話很有道理，很有見地。我才知道，原來文字有打動人心的力量。

——那您使用推特和其他社群網站，有什麼特別留意的事嗎？

「不要思考該寫什麼，要思考不該寫什麼」，我認爲這一點非常重要。
我不會寫新聞或政治經濟的話題，也不寫私生活的事。什麼美食饗宴、旅遊經歷也不是我想聊的話題。大多數人想寫的東西我一概不寫，只寫自己當下的心境。
我喜歡**深入發掘自我**，這一點我做得很徹底。
設計也是同樣的道理，設計講究的是如何做出不過時的東西。所以我不希望自己寫的文章，被網友看出潮流的軌跡。

——也不知道是不是本來就這樣，感覺社群網路反應了整個時代的風氣，因此您的觀念很獨特。

誰叫我是奇怪的大叔呢。

不要決定自己應該是什麼樣子，
留下一點模糊的空間。

——現在社群網路上，大家都說要活用「設計的思維」。關於設計和寫文章這兩件事，您認為該如何取得平衡？讀者應該都想知道您的看法。

容我冒昧提一下往事，我從小沒拿過作文比賽的獎項，國語成績也沒有特別好。繪畫方面的成就，只有小學一年級拿過大阪市的比賽佳作。至於其他獎項，我在出社會之前一次也沒拿過。

老實說，沒有榮耀的包袱也是一件好事，父母對我沒有過度的期待，這對我來說相當幸運。

我想做的事，父母也不會反對。

應該說他們很信賴我，或者說，**他們尊重我是一個獨立的個體**。

——為什麼您認為信賴比期待好呢？

我從小成績就沒有特別優秀，所以我要做什麼，父母也不太管我。

當然，聽我這樣講好像小時候很不正經，容我認眞說明一下。我小時候看了不少課外讀物。我喜歡欣賞美術，反而不太常畫畫。

我的繪畫能力和寫作能力隨著年齡成長，繪畫能力先在設計這一行開花結果。寫作能力則晚了幾十年才開花，好不容易到現在並駕齊驅。

因此我的腦海裡，語言和形象是一起運作的。

如何把形象化爲語言，我反而不太清楚，也不會說明。

——您自己也不清楚嗎？

不要預設自己應該是什麼樣子，我認爲這一點很重要。

有些人從小就拿到許多作文和繪畫獎項，也擅長其他的才藝，但他們反而沒有成爲作家或畫家。當然了，這只是我個人的推測。

其實我可以體會，父母都希望孩子跟那些從小就很傑出的偉人一樣。可是，父母自己要先吃得苦中苦，才有那個說服力去教育小孩。

至少我是辦不到的。想做什麼就自己去做，我不會讓孩子來幫我圓夢。

包容孩子的懵懂無知，我認爲這點非常重要。

讓他們在懵懂無知當中感受周遭的環境，我希望大人可以尊重這分感性，這也是我最深切的期望。

不要認定自己是怎樣的人，
反正別人也不會關心你是怎樣的人。
過多的認定只是束縛自己。

成功不會讓你活得更輕鬆，
不要害怕勇往直前。

——最後我想請教一個可能不太好答覆的問題，您是怎麼看待「年齡」和「人生」呢？可否分享一下？

我跟一個創業家一直保持合作關係，五年前我們在一場飯局上聊了這個話題。「秋田先生，你或許以爲活到八十歲就可以享清福了。可是，我至今還是碰到各式各樣的問題，連享福的時間都沒有。」他整整六十年都在努力工作，赤手空拳建立了一家了不起的公司，結果他說自己完全沒時間享福。我聽到這段話，其實滿開心的。

——開心？怎麼說呢？

因爲我終於明白，不管我們取得多高的社會地位，也不代表自己能得到「解脫」。

事實正好相反，地位越高的人，越沒有享福的機會。

所以，人活著要有覺悟才行。

未來還有更多辛苦的事，要好好面對不能逃避。

用滑雪來比喻的話，如果你不敢把重心往前傾，反而不好控制平衡，一旦速度過快就容易摔倒。相對地，把身體往前傾，重心放在滑雪板上，反而比較好控制方向。因此，不管是設計或寫作，都要放膽去做才行。

不知道這樣算不算答覆。總之，我還不到考慮年齡和人生意義的階段。

船到橋頭自然直，不是擺爛，而是指盡人事、聽天命的意思。

好吃的番茄

我推特的追蹤者超過十萬人，但我沒有追蹤其他人，等於十萬比零。也不是只有推特，我的Instagram和note，追蹤人數也很少。臉書的朋友更只有寥寥數人。從某種角度來看，好像我是「很酷的人」，其實最大的理由是，我不太想看到世間的訊息。

對我來說，社群網路是專門拿來發送訊息的。我也不看和設計有關的資訊，好玩的是即使我只發送訊息，也會獲得「適量」的訊息回饋。有點類似游泳換氣的動作，吐氣以後身體會自動吸氣。訊息不會斷絕，這一點真的滿有趣，畢竟人類完全不吸收訊息也活不下去。

我常到街上逛各種商店，靠眼睛和身體去感受一切，而不是吸收媒體誇大的資訊。

至於我是什麼時候成為「路上仙人」的呢？大概是從二〇〇〇年開始，我不再購買海外設計雜誌。過去我吸收很多海外的資訊，幾乎到入迷的地步，甚至搞不清楚我用的是別人的點子，還是自己的創意風格。

在新世紀到來的那一刻，我發現再這樣下去不行，就改變作風了。

說也奇怪，訊息多的時候我們貪得無厭，沒有訊息的時候卻也不覺得困擾。況且網路已經很普及，想知道什麼上網查一下就有了，沒必要特地持有資訊。

各位可能會覺得納悶，這一篇完全沒講到番茄啊？我是用番茄的栽種法，來表達我想說的道理。番茄刻意種在貧瘠的土地上，盡量不澆水施肥，反而會長出風味濃厚的番茄。

二〇〇〇年以後，我的番茄特別芬芳可口。

後記

設計好心情的眞髓

我從來不羨慕別人的好。
因爲我知道那些好背後付出了多大的辛勞。

這句話是整本書的核心思想。

所謂的不受環境影響，
並不是任性妄爲、旁若無人的意思。

仔細觀察人心，
即可建立和平安穩的人際關係。

凡事不抱期待，
就能做最眞實的自我。

每天觀察生活周遭的大小事，
體會日常的美感。

或許這才是設計好心情的眞髓。

當然，要永遠保持好心情並不容易。
我們難免會有不安、焦慮，
或是發怒的時候。

跟秋田先生聊天，讓人領悟到一個道理。

不要定義自己是什麼樣的人，留下一些空白地帶非常重要。

我很脆弱，

正因爲脆弱，才有辦法體諒別人。

秋田先生的話讓人終於明白那些缺點和負面的情感，

換個角度來看，也是保持好心情不可或缺的元素。

如果各位看這本書，

能找到任何一句打動心靈的話，

相信你一定會過上多采多姿的心靈生活。

當我們看到別人的好，

不要拿來和自己比較。

而是應該思考看看，
別人到底是怎麼做到的。

秋田先生答覆每個問題，總是笑咪咪的。

結語

希望有提供了閱讀的樂趣

有些事自說自唱顯得很沒格調，這次我總覺得自己就是在做這樣的事情。只不過，我平常在推特和部落格上，一向保持留白的作風，讓讀者自行想像我沒有寫出來的意境。所以就某種意義來說，要具備通俗性並不容易。

反過來看，出版社可以體會這種「想像留白的喜悅」，他們注意到我留白的作風，請我出版這本書。現在的時代風氣還眞是有趣。

去年我的第一本著作《對自己講話也要用敬語》（夜間飛行出版）問世了。那本書也保持了留白的風格，讓讀者自己去想像我沒說出來的意境。

一直用同樣的作風似乎滿乏味，因此我提出了企畫案，就是以採訪的方式，來回答大家想知道的問題，然後寫成文章出版成冊。出版社也同意了這個方案，推出各位手上的這本書。

我在談服裝的時候也提到，我其實不曉得自己是怎樣的人，也不知道各位關注的重點是什麼。幸虧有擅長採訪的宮本惠理子女士，這本著作才得以問世。她問出我的內心話，以及一些我想保密的部分，老實說我有點不好意思。但或許可以看到不一樣的一面，希望各位能找到閱讀的樂趣。

設計師／秋田道夫

Eurasian Publishing Group
圓神出版事業機構
方智出版社 Fine Press
www.booklife.com.tw reader@mail.eurasian.com.tw

自信人生 188

設計好心情：日本設計大師，豐富人生的簡單思考

作　　者／秋田道夫
譯　　者／葉廷昭
發 行 人／簡志忠
出 版 者／方智出版社股份有限公司
地　　址／臺北市南京東路四段 50 號 6 樓之 1
電　　話／（02）2579-6600・2579-8800・2570-3939
傳　　真／（02）2579-0338・2577-3220・2570-3636
副 社 長／陳秋月
副總編輯／賴良珠
主　　編／黃淑雲
責任編輯／胡靜佳
校　　對／胡靜佳・林振宏
美術編輯／李家宜
行銷企畫／蔡謹竹・陳禹伶
印務統籌／劉鳳剛・高榮祥
監　　印／高榮祥
排　　版／陳采淇
經 銷 商／叩應股份有限公司
郵撥帳號／ 18707239
法律顧問／圓神出版事業機構法律顧問　蕭雄淋律師
印　　刷／祥峰印刷廠
2024 年 3 月　初版

KIGEN NO DESIGN
by Michio Akita

Original Japanese language edition published by Diamond, Inc.
Chinese (in complex character only) translation rights arranged with Diamond, Inc. through BARDON-CHINESE MEDIA AGENCY.

定價 330 元　ISBN 978-986-175-783-4

每天書寫「未來日記」，便能將你原本就具備的超強想像力，運用於實現符合期待的世界。

——《3分鐘未來日記》

國家圖書館出版品預行編目資料

設計好心情：日本設計大師，豐富人生的簡單思考／秋田道夫 著；葉廷昭 譯.
-- 初版. -- 臺北市：方智出版社股份有限公司，2024.03
240 面；14.8×20.8公分. --（自信人生；188）

ISBN 978-986-175-783-4（平裝）

1. CST：生活指導　2. CST：人生哲學

177.2　　113000241